Fundamentalismos

Coleção TEMAS DO *Ensino Religioso*

I. Pressupostos do Ensino Religioso

1. Ensino religioso: construção de uma proposta – João Décio Passos
2. Ensino religioso: aspectos legal e curricular – Sérgio R. A. Junqueira, Rosa L. T. Corrêa, Ângela M. R. Holanda
3. Que é religião?
4. Religião e ciência
5. Religião e interdisciplinaridade
6. Educação e religiosidade

II. Questões Fundamentais

1. O sagrado
2. Narrativas sagradas
3. Ritos: expressões e propriedades – Maria Angela Vilhena
4. A ética
5. Como a religião se organiza: tipos e processos – João Décio Passos

III. Tradições Religiosas

1. Catolicismo brasileiro
2. As constelações protestantes
3. Pentecostais: origens e começo – João Décio Passos
4. Religiões indígenas e afro-brasileiras
5. Religiões orientais no Brasil
6. Novos movimentos religiosos: o quadro brasileiro – Silas Guerriero
7. Espiritismos: limiares entre a vida e a morte – Maria Angela Vilhena

IV. Temas Contemporâneos

1. Pluralismo religioso: as religiões no mundo atual – Wagner Lopes Sanchez
2. Fundamentalismos: matrizes, presenças e inquietações – Pedro Lima Vasconcellos
3. Sincretismo religioso
4. O uso de símbolos: sugestões para a sala de aula – Maria Celina de Queirós Cabrera Nasser

PEDRO LIMA VASCONCELLOS

Fundamentalismos

Matrizes, presenças e inquietações

Dados Internacionais de Catalogação na Publicação (CIP)
(Câmara Brasileira do Livro, SP, Brasil)

Vasconcellos, Pedro Lima
Fundamentalismos : matrizes, presenças e inquietações / Pedro Lima Vasconcellos. — São Paulo : Paulinas, 2008. — (Coleção temas do ensino religioso)

Bibliografia.
ISBN 978-85-356-2365-9

1. Direitos humanos 2. Fundamentalismo I. Título. II. Série.

08-10342 CDD-291.2

Índice para catálogo sistemático:

1. Fundamentalismo : Religião comparada 291.2

A coleção *Temas do Ensino Religioso* é uma iniciativa do Departamento de Teologia e Ciências da Religião da PUC-SP

Direção-geral: *Flávia Reginatto*
Editores responsáveis: *Luzia M. de Oliveira Sena*
Afonso M. L. Soares
Assistente de edição: *Andréia Schweitzer*
Copidesque: *Anoar Jarbas Provenzi*
Coordenação de revisão: *Ana Cecilia Mari*
Revisão: *Jaci Dantas*
Direção de arte: *Irma Cipriani*
Gerente de produção: *Felício Calegaro Neto*
Projeto gráfico de capa e miolo: *Telma Custódio*

Paulinas

Rua Pedro de Toledo, 164
04039-000 – São Paulo – SP (Brasil)
Tel.: (11) 2125-3549 – Fax: (11) 2125-3548
http://www.paulinas.org.br – editora@paulinas.com.br
Telemarketing e SAC: 0800-7010081

SUMÁRIO

Apresentação 9

Introdução 15

I. Indo aos "fundamentos" 19

II. Alcances e sentidos 37

III. Fundamentalismos no século XX 55

IV. Fundamentalismos em confronto: entre si e para fora deles .. 85

Considerações finais 105

Apêndices 113

Bibliografia 125

À Débora e ao Mateus,
"amados do papai", dons do céu,
na esperança de que se engajem
por "um outro mundo possível"...

APRESENTAÇÃO

Esta obra do professor Pedro Lima Vasconcellos vem enriquecer a Coleção Temas do Ensino Religioso com um tema instigante e oportuno. Seu trabalho foi alocado na seção Temas Contemporâneos.[1] Nele, o autor oferece-nos uma sucinta introdução à candente questão do fundamentalismo religioso. De início, somos brindados com o histórico do termo e da atitude fundamentalista, só compreensível se a contextualizamos nos embates entre a cosmovisão tradicional e a ascensão da modernidade ocidental. Em seguida, o autor dedica-se mais a fundo às nuanças da categoria "fundamentalismo" em várias tradições religiosas, passando depois em revista as práticas e concepções de alguns grupos fundamentalistas de maior destaque internacional.

Fiel ao perfil desta coleção, a obra se pergunta pela relevância de grupos fundamentalistas não somente nos conflitos políticos internacionais como também por sua presença e ação no Brasil. O juízo crítico do autor sobre tais práticas e convicções não chega a comprometer o espírito aconfessional desta coleção, cuja reivindicação principal é defender o lugar e o papel específicos do Ensino Religioso na educação de nossas crianças e jovens. Afinal, para dizê-lo inspirados numa afirmação de Karen Armstrong, citada neste livro pelo autor: quem assume a leitura

---

[1] As outras três seções são: Pressupostos (temas de fundo, a saber, definições, teorias, paradigmas, sujeitos envolvidos), Questões fundamentais (elementos constitutivos das tradições religiosas) e Tradições religiosas (um painel das principais religiões mundiais e das religiões presentes no Brasil).

fundamentalista do mundo "como algo cientificamente válido, obtém ciência ruim e religião ruim".

Combater o fundamentalismo não é ser intolerante. Ser intolerantes com os religiosamente intolerantes é apenas salvaguardar um mínimo espaço de cidadania para que as pessoas partilhem suas visões de mundo sem se autodestruírem na empresa. E foi justamente em vista desse bem comum que alguns docentes do Departamento de Teologia e Ciências da Religião (DTCR) da Pontifícia Universidade Católica de São Paulo (PUC-SP) idealizaram esta coleção. Em sintonia com o Fórum Nacional Permanente do Ensino Religioso (Fonaper), e na trilha de publicações especialmente voltadas para esta demanda — como a conceituada revista *Diálogo* da Editora Paulinas —, nosso propósito tem sido o de contribuir para a garantia da disciplina *Ensino Religioso* (ER) na formação básica do cidadão.

Nesse mesmo espírito, o Programa de estudos pós-graduados em Ciências da Religião da PUC-SP incluiu recentemente a disciplina de Ensino Religioso, ligada à linha de pesquisa "Fundamentos do Ensino Religioso" do mesmo Programa, e vem dando suporte a um Grupo de Pesquisa sobre o tema. Sustenta tais iniciativas a convicção de que nossa tarefa inadiável é investir no apoio aos docentes da disciplina, incentivando sua capacitação específica. Ao sugerir e coordenar tal projeto, nosso grupo de pesquisa quer unir a prática de educadores que já desenvolvem o Ensino Religioso em muitas escolas do país com a pesquisa que vários profissionais das Ciências da Religião vêm desenvolvendo no âmbito universitário. Dessa forma, esperamos que esses subsídios consigam ir ao encontro de uma demanda reprimida por obras na área e com essa perspectiva.

Este projeto nasceu há alguns anos de uma solicitação pontual que nos fora feita por Paulinas Editora, instituição cujo protagonismo nesta área de ER é notório e reconhecido.[2] Mas acabou tomando vulto e contribuindo para potencializar o espaço dedicado ao ER nas próprias preocupações da PUC-SP. Entre os principais objetivos almejados, destacamos os seguintes: proporcionar aos docentes o conhecimento dos elementos básicos do fenômeno religioso a fim de que possam dialogar com a experiência de seus alunos; expor e analisar o papel das tradições religiosas na sociedade e na cultura; contribuir com a compreensão das diferenças e semelhanças entre as tradições religiosas; refletir sobre a relação entre os valores éticos e práticas morais com as matrizes religiosas presentes na sociedade e na cultura; apresentar a religião como uma referência de sentido para a existência dos educandos e como um fator condicionante para sua postura social e política; elucidar a problemática metodológica, curricular e legal do ER; e, finalmente, explicitar os processos de constituição, identificação e interação das denominações religiosas em seus diferentes contextos.

Assim como este trabalho do professor Pedro Lima, todos os demais são pensados e escritos para servirem de subsídio à formação dos docentes de ER e de disciplinas afins do ensino

[2] Além da já mencionada revista *Diálogo*, são exemplos da opção de Paulinas sua presença junto ao Fonaper, a coleção didática sobre ER, o patrocínio da revista do Departamento de Teologia e Ciências da Religião da PUC-SP: *Religião & Cultura*, e as coleções voltadas para a formação em Ciências da Religião (*Repensando a Religião*, *Religião e Cultura*, *Literatura e Religião* e *Estudos da ABHR*).

fundamental e médio. Sabemos da importância de uma formação que prepare especificamente para o ER e é inegável a carência de material adequado e de publicações academicamente qualificadas. Portanto, cremos ser bastante oportuna uma coleção que contemple as grandes temáticas e as enfoque diretamente para quem deve lecionar essa disciplina.

Como já dissemos, o olhar que lançamos sobre o fenômeno religioso não é confessional nem vinculado a uma teologia determinada. Os temas estudados têm como base epistemológica a Ciência da Religião. Essa abordagem possibilita a análise diacrônica e sincrônica do fenômeno religioso, a saber, o aprofundamento das questões de fundo da experiência e das expressões religiosas, a exposição panorâmica das tradições religiosas e suas correlações socioculturais. Trata-se, portanto, de um enfoque multifacetado que busca luz na Fenomenologia, na História, na Sociologia, na Antropologia e na Psicologia da religião, contemplando, ao mesmo tempo, o olhar da Educação. Além de fornecer a perspectiva, a área de conhecimento da Ciência da Religião favorece as práticas do respeito, do diálogo e do ecumenismo entre as religiões.

O Ensino Religioso é, na verdade, o resultado da transposição didática, no ambiente das salas de aula e demais atividades pedagógicas, dos resultados obtidos pela Ciência da Religião em sua pesquisa especializada sobre o objeto que genericamente chamamos "religião". Por isso, é a Ciência da Religião, e não esta ou aquela teologia particular, que melhor contribui com uma educação religiosa de caráter transconfessional e realmente incidente na formação integral do ser humano.

De certo modo, esta coleção teve sua inspiração primeira nos *Parâmetros Curriculares do ER* assim como foram originalmente pensados pelo Fonaper. Tais balizas tiveram sua importância num passado recente, na busca de um consenso construído por profissionais e especialistas da área, para definir as bases teóricas e metodológicas de um ER que superasse abordagens e práticas de recorte catequético ou teológico. Nesse sentido, os volumes publicados prestam a devida atenção a aspectos como: culturas e tradições religiosas; distintas teologias; textos sagrados e tradições orais; ritos e *ethos*. Além disso, o conjunto dos títulos pretende apresentar problemas epistemológicos de fundo, tais como a pesquisa científica que nutre essa área; a educação; a interdisciplinaridade; a legislação sobre ER; a definição de Religião — bem como expor os temas atuais mais relevantes no panorama internacional, como é o caso da presente obra do professor Lima Vasconcellos.

Outra característica importante da coleção, também observada neste livro, refere-se ao cuidado que temos tido para oferecer textos em linguagem acessível, sem hermetismos acadêmicos, com alusões internas a autores e obras fundamentais, com poucas e sucintas notas de rodapé. Os objetivos de cada capítulo são explicitados logo no início e, ao final de cada um, são propostas algumas questões para recapitulação do assunto. Depois são indicadas algumas obras a quem desejar aprofundar a discussão. No fim do volume, há uma referência bibliográfica completa.

Uma vez mais, fazemos votos de que realmente seja cumprida a meta de atingir e satisfazer nosso público preferencial — atuais e futuros docentes de ER. E como se trata de um processo de construção socializada dos temas, continuam sendo muito bem-vindas as críticas e sugestões enviadas à coordenação do projeto, a fim de que possamos aprimorar a qualidade dos próximos volumes e de suas eventuais reedições.

Por fim, só nos resta agradecer ao autor por esta preciosa contribuição, ao Grupo de docentes e alunos que vem mantendo a discussão sobre ER na PUC-SP, à reitoria da PUC-SP e aos gestores de seu Departamento de Teologia e Ciências da Religião, e, principalmente, às Irmãs Paulinas.

AFONSO MARIA LIGORIO SOARES*

---

* Professor de Ensino Religioso do Programa de Estudos Pós-graduados em Ciências da Religião da PUC-SP, coordenador da Coleção *Temas do Ensino Religioso* e chefe do Departamento de Teologia e Ciências da Religião da PUC-SP.

INTRODUÇÃO

O então cardeal Joseph Ratzinger, no sermão programático da missa de abertura do conclave do qual sairia como Bento XVI, criticando o que para ele é uma das chagas marcantes do mundo atual, o relativismo, afirmou ter constatado que "ter uma fé clara, segundo o Credo da Igreja, muitas vezes é classificado como fundamentalismo".[1] E anteriormente, em um livro sobre as relações entre o cristianismo e as religiões do mundo, considerava:

> Dizer que há realmente uma verdade, uma verdade vinculante e válida na história na figura de Jesus Cristo e na fé da Igreja, é considerado como fundamentalismo e apresentado como um autêntico atentado contra o espírito moderno e como ameaça multiforme contra seu bem supremo, a tolerância e a liberdade.[2]

Nessas citações, encontramos alguns dos ingredientes básicos e polêmicas que nos acompanharão na reflexão que ora iniciamos. O conceito "fundamentalismo" é associado à adesão a uma verdade, mas poderia ser pensado na relação com a intolerância diante de quem compreende possuir e viver outra percepção dessa verdade. E o "espírito moderno" seria inimigo

---

[1] RATZINGER, Joseph. "Homilia da missa *Pro eligendo pontifice*", 18/04/2005. In: http://www.vatican.va/gpII/documents/homily-pro-eligendo-pontifice_20050418_po.html (18/03/08).

[2] Id. In: http://www.unav.es/capellania/fluvium/textos/documentacion/eti188.htm (17/03/08). Trata-se de citação do livro *Fede, veritá, tolleranza*; il cristianesimo e le religioni del mondo. Roma, Cantagalli, 2003.

da acolhida da verdade ou exigiria o respeito às diferenças, potencialmente enriquecedoras? Por que tolerância e liberdade se oporiam necessariamente ao "dizer que há realmente uma verdade", no caso referente à "figura de Jesus Cristo"? Como se vê, estamos diante de um emaranhado complexo, no interior do qual descobrir uma compreensão adequada do que se possa entender por "fundamentalismo" e diferenciá-lo de posturas aparentemente próximas não é tarefa muito fácil.

Os atentados do dia 11 de setembro de 2001 não colocaram o tema do fundamentalismo em pauta, mas certamente o popularizaram. E se antes ele já era bastante discutido, o século XXI parece ter nascido sob sua égide. Grupos fundamentalistas se multiplicam e crescem rapidamente. Mas como distinguir o fundamentalismo numa acepção mais precisa dos usos que o termo tem recebido nesses últimos tempos, particularmente nos meios de comunicação de massa? E como lidar com a conotação pejorativa que o termo acabou por assumir, principalmente quando ele aparece associado quase exclusivamente a grupos muçulmanos?

Não pretendemos nesta introdução esgotar o assunto. Queremos expô-lo de forma suficiente a apresentar um panorama, obviamente assumindo posição diante de alguns dilemas teóricos e analíticos. Para tanto, percorreremos um caminho em quatro momentos. Primeiramente, recuaremos no tempo, indo à busca de alguns grupos protestantes dos Estados Unidos da virada do século XIX para o XX, que acabaram por cunhar o termo "fundamentalismo" como designação para si próprios. Em seguida, procuraremos perceber como "fundamentalismo" acabou por se tornar uma categoria para a análise de grupos e seus procedimentos no interior de várias tradições religiosas, caracterizando alguns de seus traços comuns. Depois passaremos a um capítulo, o mais extenso, em que apresentaremos práticas e concepções de grupos fundamentalistas em algumas das grandes tradições religiosas contemporâneas. Aqui teremos inevitavelmente de ser seletivos quanto ao material trazido à análise; para o mais remetemos à bibliografia. Finalmente, perguntar-nos-emos pela relevância da presença de grupos fundamentalistas em conflitos e tensões do mundo atual, e ainda por sua presença e ação no Brasil.

Este pequeno trabalho, por diversas razões, vem a público alguns anos depois de ter começado a ser escrito. Por momentos, ficou à espera de maior aprofundamento, ou mesmo parado por conta de outras responsabilidades. Uma delas foi o acompanhamento da pesquisa de Iniciação Científica realizada por Mônica Cristina Mariano Lozano do Carmo, intitulada: *Fundamentalismo: em busca de compreensão do fenômeno*, e realizada junto ao Departamento de Teologia e Ciências da Religião da PUC-SP. O afinco com que Mônica assumiu o trabalho, em situação pouco favorável, e o levou a bom termo fez com que a pesquisa se prolongasse por um período de um ano e meio, no fim do que veio a merecer "Menção honrosa" quando da premiação dos melhores trabalhos deste tipo na universidade, em 2007. Meu agradecimento a Mônica por sua disposição e responsabilidade, e pelo diálogo constante que, em boa parte, as páginas seguintes ecoam. Agradecimento extensivo à PUC-SP, pelo contínuo incentivo à pesquisa, nos variados níveis, que tem procurado proporcionar.

INDO AOS "FUNDAMENTOS"

OBJETIVOS

- Traçar as linhas gerais da história do movimento fundamentalista nos Estados Unidos de fins do século XIX e início do XX.
- Destacar as características do fundamentalismo estadunidense que depois reaparecerão em outros fundamentalismos, de outras regiões, épocas e tradições religiosas.

SUBSÍDIOS PARA APROFUNDAMENTO

Nenhum outro livro, ou coleção de livros, realiza para o homem os grandes benefícios realizados por esse livro que contém a verdade.

David Heagle, num dos panfletos da série Os fundamentos, intitulado "A Bíblia e a crítica moderna".

Sintomas

Estamos em 1925, e a cidade é Dayton, nos Estados Unidos. Um até então desconhecido professor de biologia, John Scopes, é levado a julgamento, num caso conhecido como o "Processo dos macacos". A acusação: o professor teria violado uma determinação, presente em vários estados daquele país, proibindo o ensino, nas escolas públicas, da teoria da evolução das espécies formulada por Charles Darwin, ao mesmo tempo em que teria desdenhado do relato bíblico sobre a criação do mundo em sete dias. No processo, a teoria darwiniana foi qualificada como "hipótese não fundamentada", sem outra finalidade que ridicularizar as pessoas simples, crédulas da Bíblia e suas afirmações sobre a criação do mundo e a origem dos seres vivos, particularmente dos humanos. O desfecho do episódio foi sintomático: Scopes foi condenado a pagar uma fiança, logo assumida por uma entidade voltada para a defesa do que entendia por "liberdades civis". Mas a sensação era de vitória contra gente anacrônica, para quem "o conhecimento é uma carga pesada demais".[1] De toda forma, os setores que se opuseram a Scopes trataram de capitalizar sua vitória no tribunal buscando o controle das Igrejas. Se não o conseguiram, tiveram o apoio de muitos fiéis, o que se mostraria decisivo para novos lances dessa história, em etapas posteriores. Mas não adiantemos.

O chamado "Caso Scopes" oferece-nos uma mostra significativa do fosso que dividia, com radicalidade cada vez mais intensa, setores da sociedade estadunidense em fins do século XIX e início do XX. Após a guerra civil de 1861-1865, em que norte e sul se combateram ferozmente, eram muitas as carências sociais. Para muitos,

---

[1] Citado em: ARMSTRONG, Karen. *Em nome de Deus*; o fundamentalismo no judaísmo, no cristianismo e no islamismo. São Paulo, Companhia das Letras, 2001. p. 206.

> a luta purificaria a nação; os soldados cantavam a "glória da vinda do senhor". Os pregadores falavam de um Armagedon iminente, de uma batalha entre a luz e as trevas, a liberdade e a escravidão. Aguardavam ansiosamente o Novo Homem e a Nova Época que emergiriam, como a fênix, dessa provação. Mas tampouco na América surgiu um admirável mundo novo. A guerra deixou cidades inteiras em ruínas, famílias despedaçadas e os brancos do Sul revoltados. Em vez da utopia, os estados do Norte conheceram a rápida e dolorosa transição de uma sociedade agrária para uma sociedade industrializada. Novas cidades foram construídas, velhas cidades cresceram desmesuradamente. Levas e levas de imigrantes, procedentes do sul e do leste da Europa, desembarcaram no país. Capitalistas fizeram fortunas imensas com ferro, petróleo e aço, enquanto os operários viviam abaixo do nível de subsistência [...]. Os EUA estavam se tornando um país sem alma.[2]

Foi assim que protestantes das mais diversas filiações, confiantes ou não nas promessas que a Modernidade científica[3] ainda fazia vislumbrar ou na iminente catástrofe escatológica, se uniram em torno do que foi chamado "Evangelho Social": ações voluntárias, de cunho assistencialista, em presídios e fábricas, entre outros espaços. Para alguns, tais ações expressavam a caridade cristã e em nada comprometiam a adesão tradicional aos dogmas e, principalmente, em nada modificavam a relação com as Escrituras. No entanto, para outros, tal ativismo apontava para uma modalidade diferente de prática religiosa. Como

---

2 ARMSTRONG, *Em nome de Deus...*, pp. 163s (a citação interna é de Charles Royster).

3 Veja Apêndice 1.

se expressaria Charles Eliot, em 1909, numa conferência sobre "o futuro da religião": esta deveria manifestar-se exatamente pelas ações humanitárias que evidenciassem os valores de fraternidade expostos no Evangelho; o amor a Deus seria mostrado no serviço ao próximo. Não eram necessárias liturgia ou Escrituras, e os cristãos deveriam abdicar de sua pretensão ao monopólio da verdade. Só assim a religião se viabilizaria no século que começava, pois o progresso tecnológico e cultural descartava, e de forma irreversível, a literalidade dos conteúdos bíblicos. Assim, princípios caros ao protestantismo desde seus inícios, como a inerrância absoluta da Bíblia, deveriam ser abandonados em nome de uma postura mais moderna face ao mundo, à cultura em particular.

A conferência de Eliot apenas evidenciou uma divisão que já vinha ocorrendo entre protestantes conservadores e liberais, antes comprometidos com o "Evangelho Social". Em reação a Eliot, protestantes conservadores discordaram, afirmando que uma religião sem uma doutrina infalível não era cristã, sentindo-se obrigados a combater isso que entendiam ser um perigo liberal. Os liberais, por sua vez, eram sensíveis aos influxos decorrentes do que então era chamado "crítica superior", ramo da ciência bíblica muito em voga no século XIX, particularmente na Alemanha, preocupado em datar os textos bíblicos, situando-os ao longo da história de Israel e do cristianismo dos séculos I e II, estabelecer suas fontes e autores, identificar seus gêneros literários, relacioná-los uns com os outros e com tradições religiosas e literárias semelhantes. Análises desse teor contestavam, por exemplo, a autoria do Pentateuco atribuída a Moisés (pelo contrário, aquele seria resultado da fusão progressiva de documentos surgidos muito tempo após a morte do líder hebreu), a unicidade do livro de Isaías (haveria aí pelo menos três livretos, de épocas distintas), a atribuição dos Evangelhos aos apóstolos Mateus e João e aos discípulos de apóstolos Marcos e Lucas.

Mas principalmente os estudos críticos apontavam que certas afirmações bíblicas, tomadas literalmente, seriam simplesmente "falsas". Era preciso, portanto, relevar o aspecto mítico dos textos e destacar seu sentido moral. O que importava era o efeito que a palavra da Escritura pudesse causar na experiência religiosa do indivíduo (em conformidade com o subjetivismo derivado das obras do filósofo Kant sobre o conhecimento e a religião, e com o que sistematizara o teólogo Friedrich Schleiermacher, em fins do século XVIII). A revelação como dado externo e objetivo tornava-se irrelevante, pois, como dissera Schleiermacher, a essência da religião "não é pensamento nem ação, senão intuição e sentimento". Sobre essa base, a investigação dos textos bíblicos pôs em dúvida, entre outros temas, os milagres narrados na Bíblia, interpretando-os como expressões de uma religiosidade piedosa e eivada de crendices, e não de realidades objetivas.

Essas alterações na forma de compreender a Bíblia se inseriam no âmbito de uma maior mutação que vivia a teologia sob o impacto das correntes filosóficas surgidas com a Modernidade. Particularmente o racionalismo, que tendia a enfatizar a razão humana como critério único para o reconhecimento da verdade, e o empirismo, recolhendo exclusivamente na verificação experimental a garantia para uma ciência confiável, interferiram no modo de pensar, no contexto teológico, a presença de Deus no mundo, e, particularmente, a maneira de abordar os textos bíblicos. Era o "liberalismo teológico", expressão genérica que designava uma gama variada de esforços visando compatibilizar a reflexão cristã sobre Deus com os postulados das correntes filosóficas modernas. Seria necessário não apelar ao divino para justificar as idas e vindas da história humana; seria preciso, principalmente, romper com a tradição dogmática das Igrejas cristãs para ter acesso, por exemplo, à história do povo de Israel, de Jesus e do cristianismo primitivo. Os aspectos mais destacados nas diversas elaborações da teologia liberal, com matizes distintos aqui e ali, são:

1) a ênfase em Deus como amor, em lugar de sua figura de juiz da humanidade pecadora;
2) a presença, em cada ser humano, de uma centelha divina, proporcionando uma visão otimista quanto à sua identidade e futuro;
3) Jesus, mais do que salvador da humanidade pecadora, é o exemplo da plenitude das potencialidades humanas;
4) a Bíblia deve ser enfocada como testemunho múltiplo e multifacetado da experiência religiosa de Israel e da Igreja cristã em seus inícios;
5) as doutrinas e dogmas ensinados pelas Igrejas cristãs devem ceder sua prioridade à experiência religiosa dos crentes confrontados ao ensinamento moral de Jesus Cristo.

Tais postulados foram percebidos pelos grupos conservadores em todos os cantos dos Estados Unidos como horror e impiedade. Para os protestantes que não se deixaram seduzir por tais novidades, elas só poderiam ser associadas a outros fatores comprometedores: a imigração de inúmeros contingentes europeus, muitos deles católicos, o advento de ideais socialistas e de postulados científicos que comprometeriam a verdade bíblica, tudo isso soava como ameaça à identidade cristã que, segundo eles, constituía e devia continua constituindo a nação. Uma identidade *Wasp* (*White, Anglo-Saxon and Protestant*): branca, anglo-saxônica e protestante.

Reações

O que então passava a ser visto como "perigo liberal" suscitou reações; a fé corria risco. Data de 1883 a primeira série de conferências de verão, que se estenderiam até 1895, no acampamento bíblico Niagara Falls, que congregavam teólogos britânicos, estadunidenses e canadenses, em torno de postulados que contestavam de frente as interpretações advindas da crítica histórica aplicada à Bíblia. Contemporaneamente, em 1886, Dwight Moody, então famoso pregador, fundou em Chicago o Moody Bible Institute, visando combater os ensinamentos da "crítica superior" e defender o "criacionismo bíblico" (contrapondo-se, obviamente, às teorias de Darwin). O curioso é que Moody, se por um lado estava convencido de que ideologias atéias ou seculares levariam o país à ruína, por outro lado ainda se alinhava com os protestantes liberais em torno do "Evangelho Social", tendo preparado muitos missionários para trabalhar em favor dos pobres.

Outras instituições semelhantes à fundada por Moody surgiriam nos anos seguintes: o Northwestern Bible School, fundado em

1902 pelo ultraconservador Willian Bell Riley; em 1907, os magnatas do petróleo Lyman e Milton Stewart, fundadores da Union Oil Company, financiariam o estabelecimento do Bible College of Los Angeles. Todas essas instituições surgiam em contraposição aos seminários e faculdades de teologia abertos às novidades da pesquisa bíblica, entre os quais os de Harvard, Yale e Princeton, e fiéis ao princípio formulado da seguinte maneira por Arthur Pierson, em 1895: teologia bíblica adequada é aquela que, "em vez de partir de uma hipótese e manejar os fatos e a filosofia de modo a adequá-los a nosso dogma, [segue] um sistema baconiano, que primeiro reúne os ensinamentos da Palavra de Deus e depois procura deduzir uma lei geral segundo a qual se podem organizar os fatos".[4]

No final do encontro deste mesmo ano em Niagara Falls, foram definidos em documento cinco princípios ou fundamentos do protestantismo conservador; ele pode ser considerado um marco no estabelecimento do movimento fundamentalista. Note-se que tais princípios, ou quase todos eles, não eram novos e poderiam ser encontrados na proclamação de qualquer Igreja cristã histórica. O que diferenciava era o tom de reação e, portanto, a interpretação mais contundente dada a eles. Esses princípios, sobre os quais não caberia nenhum tipo de negociação ou concessão, reapareceriam em 1910, assumidos por teólogos das mais diversas confissões protestantes, e alcançariam enorme repercussão. São eles:

1) *A infalibilidade das Escrituras* — na verdade, a base por excelência do programa fundamentalista. Por ele se entende a

[4] Armstrong, *Em nome de Deus...*, p. 167.

inerrância do texto bíblico em sua literalidade; afinal de contas, cada letra da Escritura foi inspirada pelo Espírito Santo. Evidentemente, tal convicção se contrapõe à crítica histórica aplicada à Bíblia, bem como em reação aos postulados da ciência moderna que contradiriam os dizeres bíblicos; por outro lado, é uma formulação nova, para os tempos de luta contra a Modernidade, do princípio básico da Reforma Protestante, da Bíblia como norma suprema de fé e prática (*Sola Scriptura*). Estamos aqui em oposição explícita à perspectiva teológica liberal. Por outro lado, esse mesmo princípio haveria de ser compreendido diferentemente pelos fundamentalistas. Enquanto alguns falarão da inerrância verbal, isto é, de que a Bíblia teria cada uma de suas palavras inspirada por Deus e, portanto, sem a menor possibilidade de qualquer tipo de erro, outros entenderão a inerrância no tocante ao aspecto doutrinal, contestando com isso as interpretações que fossem na contramão do que fora estabelecido como verdade pelas Igrejas da Reforma.

2) *A divindade de Cristo* — essa reafirmação se mostrava indispensável, já que os liberais tendiam cada vez mais a ver em Jesus um homem que, por sua vida e pelos ensinamentos que deixou, logrou ser divinizado pelos seus seguidores.
3) *O nascimento virginal de Jesus* — ou seja, a certeza de que, com base nos Evangelhos, Jesus foi gerado no ventre de Maria sem a participação de um pai humano; e ainda que o hímen de Maria não se rompeu quando do nascimento de seu filho. Tal posição se estenderia aos diversos milagres que, de acordo com os Evangelhos, Jesus operou; eles devem ser

compreendidos como fatos objetivos. Já vimos que, para os liberais, eles eram expressões mitológicas de valores religiosos subjetivos.

4) *A remissão dos pecados da humanidade pela crucificação de Jesus* — a morte de Jesus é entendida fundamentalmente como sacrifício expiatório, visando ao perdão dos pecados de todos os humanos. Afinal de contas, diz a Bíblia, Jesus é "o cordeiro de Deus, que tira os pecados do mundo" (Jo 1,29); com isso se explicitava a oposição a uma postura teológica que via na morte de Jesus o desfecho trágico de uma vida de fidelidade a princípios e valores morais.
5) *A ressurreição de Jesus como fato objetivo e a certeza de seu retorno no fim dos tempos* — também negadas pelos liberais, tais convicções deveriam ser reafirmadas por seu fundamento bíblico, indiscutível segundo os fundamentalistas.[5]

Não demoraria muito e esse último fundamento ganharia conotações muito específicas e acentuadas. A proclamação do retorno iminente de Jesus para julgar os pecadores e levar seus fiéis para a glória sem fim dava ao movimento fundamentalista, desde seus inícios, um evidente aspecto apocalíptico. Ele era devido à influência de uma corrente de interpretação bíblica chamada "dispensacionalismo pré-milenar", presente também no âmbito das reflexões de Niagara Falls, e que proporcionou uma peculiar interpretação da história humana e dos eventos da atualidade. Seu primeiro apregoador nos Estados Unidos, o inglês

---

[5] Aqui e ali surgiram, com o passar dos anos, outras listas de "princípios fundamentais". Se um ou outro deles variava, todas as listas concordavam em estabelecer como primeiro deles o da inerrância do texto bíblico.

John Nelson Darby, afirmava em meados do século XIX que a história humana é feita de "dispensações" (períodos temporais únicos caracterizados pela forma com que Deus se relaciona com os seres humanos: por exemplo, a dispensação da Lei, a partir de Moisés; a dispensação da graça, a partir de Jesus), que se sucedem de acordo com o plano divino, culminando, cada uma delas, com uma grande catástrofe (a expulsão do paraíso, o dilúvio, a crucificação de Jesus). O mundo moderno, com sua irrefreável tendência ao mal, à depravação e ao afastamento de Deus, era a expressão clara de que se estava vivendo o fim da penúltima dispensação, de que estava acontecendo a segunda vinda de Jesus. O Anticristo estava prestes a congregar as Igrejas apóstatas para pelejar contra os santos. Isso forçava uma intervenção iminente de Deus, para punir os ímpios (esta seria a "Grande Tribulação" anunciada nos Evangelhos) e para proporcionar aos fiéis o desfrute da vitória de Cristo. Era o que indicavam as profecias bíblicas: a vinda de Cristo aconteceria antes, e não depois, do milênio afirmado no livro do Apocalipse, em seu capítulo 20, que por sua vez antecederia o Juízo Final. Seria pela vinda de Jesus, e não pelos esforços virtuosos dos cristãos, que tal milênio, a sétima dispensação, se implantaria. Junte-se a isso uma outra convicção, de enorme impacto no futuro próximo: em breve o povo de Israel haveria de se ver restaurado em sua terra bíblica, com a destruição de seus inimigos.

Deve-se afirmar que esse aspecto nunca foi assumido de forma explícita e consensual por todos aqueles setores do protestantismo estadunidense assumidamente fundamentalistas. Contudo, ele se fez presente desde os inícios e, ainda nos dias atuais, vem sendo invocado para interpretar situações as mais distintas, desde os atentados contra Nova York e Washington até a política unilateral de Israel de retirada de colonos judeus da Cisjordânia.

Movimento

Essa leitura pré-milenarista e dispensacionalista da Bíblia e da história se tornaria um dos alicerces do movimento fundamentalista especialmente pela publicação, em 1909, de *The Scofield Reference Bible*, obra do pastor Cyrus I. Scofield, de Dallas, no estado do Texas. Sua edição da Bíblia trazia o texto bíblico acompanhado de notas que expressavam a visão apocalíptica que emergia das conferências de Niagara Falls; tais notas aos olhos dos fundamentalistas foram adquirindo autoridade sempre crescente, quase comparável à dos próprios textos da Escritura.

Mas o impacto que o movimento fundamentalista provocaria na sociedade estadunidense seria ainda maior com a publicação, entre 1910 e 1915, de uma série de panfletos que levava o título de *The Fundamentals – A Testimony to the Truth* [Os Fundamentais – um testemunho em prol da verdade], financiada pelos irmãos Lyman e Milton Stewart, empresários do ramo petrolífero. Embora num primeiro momento o impacto desse material tivesse sido de pouca monta, também pelo fato de que a linguagem usada era pouco radical e não traduzisse uma disposição de militância em favor das causas ali expostas, a médio prazo o efeito foi destacado. Afinal de contas, foram doze volumes, tratando de dezenas de temas doutrinários (derivados dos cinco fundamentais acima mencionados), obra de diversos teólogos conservadores, com cerca de três milhões de exemplares de cada um dos panfletos distribuídos gratuitamente a pastores, estudantes e professores de teologia por todos os cantos dos Estados Unidos. Ao lado de temas internos à teologia e à análise dos textos bíblicos, como "A autoria mosaica do Pentateuco", "As Sagradas Escrituras e as negações modernas", "O valor doutrinário dos primeiros capítulos do Gênesis", "O recente testemunho da Arqueologia em favor das Escrituras", "A personalidade e a divindade do Espírito Santo", "A concepção bíblica de pecado", vinham outros, que deixavam claro que o projeto não se reduzia a meras contendas teológicas e a pretensões intra-eclesiais: "Filosofia moderna", "A decadência do Darwinismo", "A Igreja e o Socialismo", "A Teoria da Evolução no púlpito".

Os fundamentalistas protestantes estadunidenses veriam na publicação desse material a referência primeira para a proposição e defesa de suas causas. Não à toa o movimento recolheu do título da coleção o nome para si mesmo. A certeza era de que se estava a defender os fundamentos da fé cristã e a identidade cristã da nação, de tantas formas ameaçados. Além disso, o cenário apocalíptico vivido na Primeira Guerra induziu os protestantes conservadores a adotar posturas mais radicais. Para eles, de um lado, a grande guerra era uma sinalização do Apocalipse; por outro, a América era como um novo Israel, "uma nova nação messiânica eleita para manifestar e guardar a verdade no mundo".[6] Importava passar à ação ostensiva.

---

[6] AÇÃO DOS CRISTÃOS PELA ABOLIÇÃO DA TORTURA. *Fundamentalismos, integrismos*; uma ameaça aos direitos humanos. São Paulo, Paulinas, 2001. p. 35.

Horizontes

Um resultado da difusão do espírito e da teologia apregoados na série *The Fundamentals* foi a criação, em 1919, da Associação Mundial Fundamentalista Cristã, resultado de um congresso realizado em Filadélfia com a participação de mais de seis mil pessoas. Desse congresso sairiam oradores e cantores numa turnê por vários cantos do país. A associação, convencida de estar refazendo a Reforma do século XVI, nascia com o propósito explícito de reconquistar a sociedade estadunidense, e, por extensão, o mundo moderno, afastados de suas matrizes cristãs. O clima era de preparação para a guerra, não apenas para "defender a fé", mas também para "compor uma frente unida e ofensiva" com vistas a "lutar pelos fundamentos da fé". É nessa oportunidade que se cunha o termo "fundamentalista" para designar aquelas pessoas, pastores, presbíteros e professores conservadores americanos de todas as denominações protestantes históricas que, em nome dos "fundamentos", organizaram-se para defender a fé cristã do que entendiam como invasão do liberalismo em seus seminários e igrejas. O seguinte texto, de 1920, dá bem conta do estado de espírito que animava os fundamentalistas em sua empreitada:

> É preciso lembrar que a América foi engendrada por ancestrais morais, construída com base num fundamento moral eterno [...]. Esse fundamento é a Bíblia, a Palavra infalível de Deus [...]. Historicamente, porém, um enfraquecimento dessa norma moral no pensamento e na vida da América, fruto de um período em que reinava a luxúria no interior e a liberdade devida à ausência de conflito com o exterior. Só há um remédio: a nação deve retornar ao modelo inicial da Palavra

de Deus: deve crer, amar e viver a Bíblia. É necessário que se reaja à crítica destruidora alemã, que abriu caminho no pensamento religioso e moral do nosso povo, assim como às teorias e à propaganda dos vermelhos, que se introduziram na vida pública e na vida industrial graças à sua influência nociva e perversa [...]. A América está diante de uma escolha. Ela deve recolocar a Bíblia no lugar que historicamente lhe competia na família, na escola, no colégio e na universidade, na Igreja como na escola dominical.[7]

O instrumento para alcançar tais objetivos, algo que com o tempo se tornaria uma das marcas do fundamentalismo nos Estados Unidos, foi o uso maciço dos modernos meios de comunicação de massa. Delineava-se ali

um projeto que implicava vários planos de ação: retomar a hegemonia no seio das diferentes Igrejas protestantes, ocupação de lugares influentes no mundo dos *media*, organização de grupos de pressão política para obter fundos estatais para financiar escolas confessionais ou outras atividades religiosas.[8]

Buscava-se claramente expulsar os liberais encastelados nas direções de várias das denominações protestantes e de seus seminários. Se isso não se mostrasse possível, agir-se-ia pela via do separatismo: o caso emblemático é o de J. Gresham Machen, autor de um livro que se tornaria referência para as gerações seguintes de fundamentalistas, *Christianity and Liberalism* (1923):

---

[7] Davis S. Chenet, citado em: AÇÃO DOS CRISTÃOS PELA ABOLIÇÃO DA TORTURA. *Fundamentalismos, integrismos...*, p. 36.

[8] PACE, Enzo; STEFANI, Piero. *O fundamentalismo religioso contemporâneo*. Apelação, Paulus, 2002. p. 32.

junto com outros professores conservadores, ele deixa o Seminário Presbiteriano de Princeton, sob controle dos liberais, para fundar o Seminário de Westminster.

Por outro lado, havia a luta por influência no mundo político. Como vimos, o processo contra o professor Scopes foi embasado na lei que proibia o ensino da teoria de Darwin sobre a evolução das espécies vivas. Ora, esse dispositivo foi obra de grupos fundamentalistas, que também dessa forma buscavam interferir na educação formal. Na verdade, tratava-se de salvar a identidade cristã da nação, que só assim teria garantida sua hegemonia no cenário internacional. O "Caso Scopes" evidencia que o fundamentalismo estadunidense, desde seus primórdios, além de se articular em função de conflitos intra-eclesiais com os grupos liberais, pretendia também interferir diretamente na cena social e política. Tal militância em favor de causas de motivação evidentemente religiosa, a que se contrapunha às tendências liberalizantes da sociedade estadunidense, caracterizará os movimentos que, por analogia, seriam com o tempo qualificados de fundamentalistas.

Concluamos. O projeto fundamentalista estadunidense, configurado numa "ortodoxia protestante militantemente antimodernista",[9] tinha duplo escopo: a renovação espiritual dos indivíduos, fundada na consciência da fragilidade humana e na absoluta necessidade da graça salvadora de Deus; e a regeneração moral da sociedade, a ser alcançada pela renovação retromencionada. Apenas dessa forma seria possível a recupe-

---

[9] PIXLEY, Jorge. Que es el Fundamentalismo? *Revista Pasos*. Segunda Época, 2002, n. 103. In: http://www.dei-cr.org/pasos.php?pasos_actual=103 (16/05/06).

ração das glórias do passado, comprometidas pelo avanço do materialismo científico e do utilitarismo ético, bem como pela ameaça do socialismo. Esses traços se manterão até os dias de hoje no fundamentalismo protestante estadunidense. Mas disso trataremos mais adiante.

QUESTÕES

1) Por que os grupos religiosos que originariam o fundamentalismo estadunidense viam a Modernidade como perigo?
2) De que forma o "Caso Scopes" simboliza os objetivos e as intervenções dos primeiros fundamentalistas na cena social dos Estados Unidos?

BIBLIOGRAFIA SUGERIDA

ARMSTRONG, Karen. *Em nome de Deus*; o fundamentalismo no judaísmo, no cristianismo e no islamismo. São Paulo, Companhia das Letras, 2001. pp. 161-173; 195-211.

ORO, Ivo Pedro. *O outro é o demônio*; uma análise sociológica do fundamentalismo. São Paulo, Paulus, 1996. pp. 49-73.

[illegible]

QUESTÕES

1) [illegible]

2) [illegible]

BIBLIOGRAFIA BÁSICA

[illegible] fundamentalismo [illegible] Companhia das Letras, 2001, pp. [illegible]

[illegible] fundamentalismo. São Paulo: Paulus, [illegible]

II

ALCANCES E SENTIDOS

OBJETIVOS

- Refletir sobre como o termo "fundamentalismo" acabou por servir para identificar grupos e movimentos de várias tradições religiosas.
- Apresentar as características básicas de um grupo "fundamentalista".

SUBSÍDIOS PARA APROFUNDAMENTO

A morfologia e a tipologia dos sintomas podem até diferir, mas é surpreendente constatar a semelhança dos caracteres humanos que o tradicionalismo fabrica por toda parte.

Christos Yannaras[1]

[1] Yannaras não distingue entre "fundamentalismo" e "tradicionalismo", indo na direção contrária ao que procuraremos mostrar neste capítulo. Feita essa ressalva, tal epígrafe soa-nos adequada e provocativa.

De autodesignação a categoria de análise

O que explica que o termo "fundamentalismo", que inicialmente possuía um escopo bem definido e específico, tenha seu alcance enormemente ampliado, a ponto de designar, nos dias de hoje, posturas e movimentos os mais variados, de várias latitudes e tradições religiosas? É verdade que muitos analistas não julgam adequada essa ampliação do alcance do conceito. É o caso, por exemplo, de Ivo Pedro Oro, que postula que "somente no seio do protestantismo se pode analisar a gênese, a estrutura e a função do movimento fundamentalista".[2] Para Jürgen Moltmann, a transferência do termo para fora do universo protestante estadunidense tende a tornar seu sentido vago e inseguro.[3] No entanto, a nosso ver essa ampliação do uso do termo se justifica, a começar pelo fato de que o fundamentalismo protestante estadunidense da virada do século XIX para o XX evidenciou duas marcas que serão encontradas em outros contextos, inclusive no interior de outras tradições religiosas. Primeiramente, a defesa da verdade religiosa contra o que é percebido como perigos da Modernidade, traduzidos em historicismo, subjetivismo, socialismo:

> Quando estudamos os conteúdos dos discursos e da autocaracterização dos movimentos fundamentalistas, deparamo-nos com um diagnóstico básico acerca da relação entre religião e Modernidade: o fundamentalista não pretende a modernização da religião, mas a

---

[2] ORO, I. P. *O outro é o demônio*; uma análise sociológica do fundamentalismo. São Paulo: Paulus, 1996. p. 47.

[3] MOLTMANN, J. Fundamentalismo e Modernidade. *Concilium*, Petrópolis, 1992, n. 241, p. 141.

fundamentação religiosa, explícita, da Modernidade. Não se busca, por exemplo, uma modernização do islão, mas a reislamização do mundo islâmico. Não se busca uma concepção secular do Estado de Israel, mas sua fundamentação teocrático-religiosa. Não se busca uma secularização do cristianismo, mas a recristianização do mundo ocidental.[4]

A segunda marca refere-se à relação entre religião e política, e dará uma visibilidade aos projetos e pretensões fundamentalistas. Ela é importante e se constitui num diferencial, pois se, de um lado, há toda uma ênfase na dimensão individual da vivência da fé (recorde-se o postulado cristão-evangélico da remissão dos pecados do crente pelo sangue de Jesus), esta não pode, de acordo com a visão dos fundamentalistas, ficar confinada ao âmbito subjetivo, à esfera da intimidade do crente. Trata-se de recuperar a base religiosa da sociedade. Por isso, a postura do fundamentalista ganha, já desde o início, a dimensão da militância. Assim, é possível tomar como ponto de partida que o termo "fundamentalismo", ao ser convertido em categoria de análise, passa a considerar movimentos portadores de traços comuns, que de alguma forma desdobram os dois antes mencionados, e exatamente a relevância deles justifica a utilização do conceito. O que importa é que não se troque o dado em questão pelo conceito que o quer expressar (de forma insuficiente, sempre):[5]

---

[4] DREHER, Martin. *Para entender o fundamentalismo*. São Leopoldo, Unisinos, 2002. p. 82.

[5] Não se deve perder de vista que os conceitos são instrumentos e resultados da razão, e não se identificam pura e simplesmente com as realidades que pretendem expressar. Não vemos como esclarece a questão reservar o termo "fundamentalismo" para os grupos protestantes cujo perfil traçamos no capítulo anterior, "integrismo" para os católicos de perfil assemelhado, "ortodoxia" para os setores judeus equivalentes e

o fato de aqui assumirmos a existência de fundamentalismos no interior das tradições judaica, cristã e islâmica, entre outras, não deve levar à conclusão de que eles todos se equivalem. Será preciso analisar cada situação, para que se possam perceber as especificidades que os fundamentalismos podem assumir nos contextos em que emergem.

Assim, se nos inícios do século XX, lá nos Estados Unidos, eram os próprios fundamentalistas que se designavam com esse termo, com o passar do tempo este começou a designar movimentos que de alguma forma pudessem ser aproximados, por analogia, àqueles que formularam o conceito. Essa metamorfose no sentido e na utilização do conceito não deve fazer perder de vista que os movimentos qualificados como fundamentalistas recebem essa caracterização por terem características comuns que os aproximam, apesar de potencialmente pertencerem a tradições religiosas distintas.

Assim reconfigurado, o conceito acabou por se tornar a categoria sociológica favorita para analisar um fenômeno totalmente inesperado para muitos que analisavam os caminhos das sociedades no século XX, e em escala global: o reaparecimento marcante, por vezes agressivo, mas sempre surpreendente, do religioso na cena pública, aquilo que Gilles Kepel qualificou como "a revanche de Deus".[6] Como se sabe, uma das caracterís-

---

"islamismo" para os grupos muçulmanos afins, como quer Etiénne Fouilloux (cf. AÇÃO DOS CRISTÃOS PELA ABOLIÇÃO DA TORTURA. *Fundamentalismos, integrismos...*, p. 12). Pelo contrário, a nosso ver, complica.

[6] Título de um controvertido, mas brilhante, livro a respeito do ressurgimento público do religioso a partir da década de 1970 (São Paulo, Siciliano, 1991). Seu autor é Gilles Kepel.

ticas mais acentuadas nas análises sobre a Modernidade era seu caráter sempre mais secular, seja isso entendido como expressão de uma sociedade dessacralizada, como indicação de que a religião perdeu plausibilidade ou se viu marginalizada pelo processo de racionalização, seja como um processo de subjetivização das crenças.[7] Ora, nessa perspectiva, o fundamentalismo é um filho indesejado e inesperado da Modernidade, que a contesta e por ela se vê rejeitado. Falando de maneira ainda vaga, fundamentalista seria aquele movimento que

> visa recuperar a autoridade sobre uma tradição sagrada que deve ser reintegrada como antídoto contra uma sociedade que se soltou de suas amarras institucionais. Do ponto de vista sociológico o fundamentalismo implica: 1) repúdio à radical separação entre sagrado e secular, que se foi impondo sempre mais com a Modernidade; e 2) um plano para anular esta bifurcação institucional e com isso trazer a religião de volta para o centro do palco, como importante fator ou parte interessada nas decisões relativas ao interesse público.[8]

Embora uma definição assim estabelecida possa ainda englobar como fundamentalistas grupos e movimentos que eventualmente não devam ser qualificados como tais, ela serve como guia. O passo seguinte é fazer a pergunta pelos eventuais traços

---

[7] Para um apanhado das diversas formas de compreender o processo de secularização, pode-se ler MARTELLI, Stefano. *A religião na sociedade pós-moderna*. São Paulo, Paulinas, 1995. pp. 271-321. Não é o caso de discutir aqui o alcance da tão propalada secularização, nem de problematizar se categorias como "desencantamento" e "reencantamento do mundo" dão conta dos processos globais vividos pelas religiões no Ocidente destes últimos séculos.

[8] Anton Shupe e Jeffrey Hadden, apud COLEMAN, John A. Fundamentalismo global: perspectivas sociológicas. *Concilium*, 1992, n. 241, p. 55.

comuns que, encontrados num determinado grupo, permitiriam caracterizá-lo como "fundamentalista". Podemos identificar ao menos seis desses traços. Se na exposição a respeito deles nos ativermos principalmente ao cristianismo, isso se deve à nossa familiaridade maior com essa tradição, mas, como decorre do que acabamos de supor, esses traços deverão ser encontrados, em maior ou menor intensidade, em qualquer movimento que, justamente por isso, possa merecer o nome de "fundamentalista".[9]

Rejeição da hermenêutica

Reaparece aqui, com outros termos, o que os fundamentalistas estadunidenses do início do século XX denominaram "inerrância da Bíblia". Mas não é difícil alargar o alcance do conceito para abarcar outras latitudes e tradições religiosas. A certeza de que a teoria darwinista da evolução das espécies vivas é errônea, porque incompatível com a letra dos primeiros capítulos do Gênesis judeu-cristão, não difere, enquanto postura, da por vezes chocante aplicação das determinações legais da xariá islâmica em tantos países oficialmente muçulmanos. E se compara perfeitamente, embora às avessas, com o que enunciou David Ben-Gurion, um dos fundadores do atual Estado de Israel: "Nenhum dos exegetas,

[9] O artigo de Martin E. Marty (O que é fundamentalismo? Perspectivas teológicas. *Concilium*, Petrópolis, 1992, n. 241, pp. 13-26) será nosso guia na identificação e exposição dos tópicos seguintes. Destaque-se que, a nosso ver, embora uma categoria sociológica, o fundamentalismo se "define" por um conjunto de opções filosófico-teológicas feitas pelas correntes que merecerão esse epíteto, e que não deixaremos de problematizar, quando oportuno.

judeus ou não, puderam explicar os capítulos de Josué de modo tão autêntico quanto o fizeram os combatentes da Zvah Haganá Leisrael [Exército de defesa de Israel]".[10]

O que está em jogo em cada uma dessas posições? Que, embora sugiram interpretações ao texto sagrado fundante de uma e outra religiões, que goza de absoluta primazia, seus proponentes negam que essas sejam interpretações possíveis, condicionadas de alguma forma por quem as faz; pelo contrário, entendem que o texto só pode significar isso que afirmam. Como diz a "Declaração de Chicago", documento fundamentalista protestante de 1982, "o sentido de um texto [bíblico] é único, definido e estável".[11] É impensável querer ler criticamente os textos, pois isso significaria pretender "melhorar as Escrituras" ou "adaptá-las ao nosso querer".[12]

Em outras palavras, há um sentido objetivo imposto pelo texto, que não demanda esforços particulares de interpretação; por ser, cada um dos textos, visto como revelação direta de Deus (Alá, Yahweh), seu sentido único é diretamente acessível. O entendimento do texto proposto pelos fundamentalistas (o criacionismo bíblico, a execução de uma adúltera na Nigéria ou a

---

[10] Citado em: FERREIRA, Oliveiros S. Ação política, ideologia e religião. In: DUPAS, Gilberto; VIGERANI, Tullo (orgs.). *Israel-Palestina*; a construção da paz vista de uma perspectiva global. São Paulo, Unesp, 2002, p. 319. O referido exército teve papel decisivo na instalação do Estado de Israel, em 1948.

[11] PACE, Enzo; STEFANI, Piero. *O fundamentalismo religioso contemporâneo*, p. 179. As pp. 178-181 reproduzem vários artigos que compõem o documento.

[12] HEAGLE, David. A Bíblia e a crítica moderna. In: TORREY, Reuben Archer (org.). *Os fundamentos*; a famosa coletânea de textos das verdades bíblicas fundamentais. São Paulo, Hagnos, 2005. p. 35.

implantação do Estado de Israel) não é entendido como interpretação atualizada dele, mas expressão pura, simples e inevitável de seu conteúdo, atemporal e definitivo. Assim, é característico do fundamentalismo rejeitar toda e qualquer tentativa de interpretação dos textos sagrados. Há uma convergência de concepção no que tange ao princípio de não-interpretação dos textos sagrados e da predisposição à leitura verticalizada dos mesmos.

Podemos contar, em síntese, com o esquema proposto por Pace e Stefani: a referência indispensável ao livro sagrado caracteriza o grupo como fundamentalista quando:

a) o conteúdo do texto é visto numa totalidade de sentido supostamente objetiva;
b) ele considera o texto como anistórico, isto é, como independente da conjuntura específica de onde surgiu, e como portador de uma mensagem que não pode ser adaptada aos novos tempos;
c) ele julga possível deduzir do texto um modelo de sociedade perfeita que precisa ser concretizado.[13]

Em algumas situações, o texto sagrado pode dar lugar a uma dada tradição: no caso do fundamentalismo católico, não é tanto a Bíblia, mas uma etapa da tradição que é tida como ideal: o espírito do Concílio de Trento (realizado em reação à Reforma Protestante), tal como assimilado pelo Concílio Vaticano I (convocado por Pio IX, no contexto de sua cruzada antimodernista), e traduzido num sistema dogmático, ético, litúrgico e guardado em sua integridade pelo Magistério da Igreja; ele é

---

[13] Pace, Enzo; Stefani, Piero. *O fundamentalismo religioso contemporâneo...*, pp. 20-21.

que garante a reta compreensão da Bíblia. Tal posicionamento não vê problemas em atribuir à intenção dos escritores bíblicos concepções e enunciados que viriam à tona quinze séculos depois, ou mais...[14]

Identificação entre pluralismo e relativismo e rejeição de ambos

O que antes chamamos a "rejeição da hermenêutica" por parte dos fundamentalistas tem uma justificativa: se, de alguma forma, o sujeito intervier na definição do sentido do texto sagrado, ele o fará a partir de suas experiências vividas e, conseqüentemente, comprometerá a verdade objetiva que o texto comporta. O que levaria a uma multiplicidade de interpretações da doutrina religiosa, colocando em risco sua inteireza e consistência. Ao contrário disso, para os fundamentalistas a verdade está exclusivamente no objeto, no caso, está no livro sagrado e, por essa razão, seu sentido é único. Em outras palavras, o conteúdo do livro sagrado "não pode ser selecionado [...] e interpretado pela razão humana sob pena de uma deturpação da verdade que o livro sagrado contém".[15]

Mas essa problemática comporta outra faceta importante. Já vimos o então cardeal Ratzinger afirmar que, aos olhos de muitos, a defesa de "uma fé clara, segundo o Credo da Igreja", seria expressão de fundamentalismo. Mas o que vem a seguir é a avaliação dele:

---

[14] Veja Apêndice 2.

[15] PACE, Enzo; STEFANI, Piero. *O fundamentalismo religioso contemporâneo...*, p. 20.

> O relativismo, isto é, deixar-se levar "aqui e além por qualquer vento de doutrina" (Efésios 4,14), aparece como a única atitude à altura dos tempos hodiernos. Vai-se constituindo uma ditadura do relativismo que nada reconhece como definitivo e que deixa como última medida apenas o próprio eu e as suas vontades (Homilia da missa *Pro eligendo pontifice*, 18/04/2005).

A rejeição à possibilidade de que o texto sagrado possa ser interpretado e de que toda leitura, mesmo a oficial e supostamente objetiva, seja também interpretação se enraíza no receio de que a interpretação coloque em cena o sujeito com sua vivência, sua ótica, seus interesses. E com isso o relativismo. E da diversidade de interpretações de um mesmo texto se poderia passar ao questionamento da própria autoridade do texto e da afirmação da legitimidade de outros posicionamentos, não necessariamente fundados nele. O texto de Ratzinger parece supor uma polarização, única e irreversível, perante dois pontos de vista antagônicos: o relativismo, pelo qual emergiria o sujeito, volúvel e interesseiro, e o que ele vê denominado como fundamentalismo. Mas, justamente, aparece aí uma categoria, não necessariamente intermediária, mas que vem a tornar complexa a questão: a do pluralismo. É verdade que há muitos a defenderem a identificação entre o pluralismo enquanto valor e a postura relativista. No entanto, essa identificação expressa bem a ótica fundamentalista, que, em gradações distintas e formas variadas, se caracteriza pela intransigência com que afirma a veracidade encontrada exclusivamente em seus pontos de vista, no interior da comunidade religiosa e fora dela. O pluralismo/relativismo é visto como ameaça à segurança e como concessão ao "viva e deixe viver".

Rejeição da evolução e do desenvolvimento

Anteriormente falávamos da perspectiva anistórica que embasa as abordagens fundamentalistas aos textos sagrados (ou a um momento da tradição religiosa erigido em norma absoluta). Associada a ela, o combate ao que se entende ser, por todos os lados, relativismo conduz a uma postura de oposição teológica que tende a se caracterizar em reação à idéia de evolução e de desenvolvimento histórico. Não se trata apenas da oposição, que já vimos no chamado "Caso Scopes", à proposta darwiniana de evolução das espécies; é a própria noção de evolução em teologia que é contestada. No caso específico da teoria darwiniana, é dos fundamentalistas estadunidenses a proposição do "criacionismo" como hipótese supostamente embasada cientificamente, pela qual pretendiam ganhar a opinião pública, com que pretendiam educar as crianças nas escolas e através da qual o evolucionismo em biologia se veria derrocado.

Mas, subjacente a essa postura, está a convicção de que a doutrina, e por conseqüência a teologia, não se desenvolve (sob pena de cair no já citado relativismo): o texto sagrado, ou um momento da tradição, comporta o todo da verdade; no mundo católico se fala, inclusive, de um depósito em que se encontraria todo o conjunto das verdades reveladas, a ser conhecido e assimilado, nunca desenvolvido. Para garantir essa solidez, não é incomum a adoção de estratégias extremas; por exemplo, a exigência de que o texto sagrado seja proclamado exclusivamente numa determinada língua, a de sua origem ou outra (o latim, no caso católico; o inglês, em alguns grupos protestantes).

Dimensão escatológica

Vimos que os primeiros fundamentalistas estadunidenses estavam animados de uma perspectiva escatológica marcadamente apocalíptica, precisamente pré-milenarista: o Senhor vem muito em breve eliminar este mundo mau e implantar o milênio prometido no Apocalipse e reservado aos eleitos, dos quais tais fundamentalistas tinham certeza de fazer parte.

Esse quadro ilustra um outro componente básico dos grupos fundamentalistas em geral: a densidade escatológica que conferem a seus atos e a percepção do caráter dramaticamente decisivo dos eventos presentes e do que entendem serem desvios ou corrupções da ordem estabelecida divinamente desde sempre. De formas e coloridos distintos, os fundamentalistas judeus, cristãos e muçulmanos entendem-se como eleitos, cujas ações devem sinalizar e mesmo iniciar a modificação dos rumos de uma história que, sem elas, caminharia inevitavelmente para a hecatombe. Sem a atenção a esse fator, não se compreendem atitudes como as dos homens-bomba muçulmanos, mas também careceria de lógica a forma intransigente e brutal com que o governo Bush tem lidado com os inimigos que ele mesmo criou e demonizou (na linha do "quem não está conosco está contra nós e deve ser combatido sem tréguas"). Essa consciência do caráter presente do drama escatológico subjaz ainda a outras posturas, como a da oposição dos setores fundamentalistas judeus às formas como o Estado de Israel veio a implantar-se e a qualquer tipo de concessão (especialmente de território) que venha a ser feita aos palestinos: aqui ainda se está na espera pela vinda do Messias.

Outra faceta a ser destacada aqui é que o olhar escatológico a animar grupos fundamentalistas de diversos matizes religiosos tende a lhes conferir, por paradoxal que pareça, uma percepção bastante banalizada daquilo que constitui a historicidade humana e a vivência na terra, inevitavelmente corrompidas. Isso permite compreender, por exemplo, como a oposição de muitos desses grupos a práticas abortivas venha acompanhada de um reconhecimento da legitimidade da pena de morte ou de ações (terroristas ou de Estado) que levem à morte tanto seus sujeitos (os homens-bomba) como contingentes expressivos de pessoas (as intermináveis vítimas das guerras preventivas). De toda forma, as correntes fundamentalistas aguçam tendências presentes nas tradições religiosas mais amplas que tendem a encarar de forma secundária (de forma a relativizar, sim!) tudo aquilo que constitua o propriamente histórico da existência humana.

Sintetizando, com postulados sobre o futuro da história mais ou menos explícitos, que podem chegar ao detalhamento objetivo dos termos do juízo final, individual ou coletivo, as certezas escatológicas dos grupos fundamentalistas permitem-lhes delinear aspectos da sociedade ideal, e agir intransigentemente em função dela, e ao mesmo tempo descartar como irrelevantes o provisório, o circunstancial, o histórico.

Militância exclusivista

Quem estiver convencido da existência de uma verdade absoluta que deva ser válida em todas as circunstâncias e esferas da vida, incluindo as esferas social e política, esforçar-se-á por inventar ações de protesto e formas de luta política que deixem explícitas as referências simbólicas religiosas a que se refere. Daqui deriva a escolha acurada que os movimentos fundamentalistas fazem de gestos exemplares ou de lugares que suscitam emoções fortes e compreensão imediata daquilo que se está a fazer. É preciso manifestar-se pública e, se possível, ruidosamente. O maciço e intensivo recurso aos símbolos religiosos torna-se um meio de comunicação e a comunicação torna-se um instrumento, simultaneamente, da luta política e religiosa.[16] Não é preciso pensar muito em exemplos: se isso vale, de um lado, para os ataques perpetrados aos símbolos do poder econômico e militar dos Estados Unidos, respectivamente, as torres do World Trade Center e o Pentágono, com igual intensidade vale para o gesto de Ariel Sharon, até há pouco tempo primeiro-ministro de Israel que, ao subir as escadas do Monte do Templo, denominado pelos muçulmanos Esplanada das Mesquitas, em Jerusalém, foi o responsável pelo desencadeamento da fase mais recente da Intifada (a resistência palestina). Mas já os fundamentalistas estadunidenses da primeira geração buscaram tipos variados de tornar públicas suas idéias, críticas e ideais, a começar dos panfletos da série *The Fundamentals*: "É conhecido o uso que os fundamentalistas muçulmanos fazem do rádio e do videocassete para difundir sua mensagem e como os evangelistas norte-americanos sabem usar a televisão para seus *shows*".[17]

Temos aqui, indubitavelmente, o plano da política como o privilegiado para a ação e os objetivos fundamentalistas. Isso

---

[16] PACE, Enzo; STEFANI, Piero. *O fundamentalismo religioso contemporâneo*..., pp. 21-22.

[17] AÇÃO DOS CRISTÃOS PELA ABOLIÇÃO DA TORTURA. *Fundamentalismos, integrismos*..., p. 138.

porque a sociedade precisa, a seus olhos, ser refeita à base dos esteios religiosos que modernamente foram perdidos. É preciso, contudo, salientar a essa altura que tal militância, fundada na certeza da posse exclusiva da verdade, está na matriz de várias expressões de violência, de proveniências distintas e alcance espantoso: "Todos os meios se justificam quando estão a serviço de sua verdade: da ação secreta aos grupos de pressão, passando pelos métodos mais violentos".[18] Efetivamente, o campo de ação dos movimentos fundamentalistas deixou de se limitar às agressões faladas e escritas para alcançar as vias de fato. Ou seja, fundamentalistas de diversos matizes, rodeados de forças sociais indiferentes ou mesmo hostis à religião, não raro se convenceram de serem vítimas de perseguição, o que podia facilmente degenerar em agressão. O caso do atentado às torres de Nova York é apenas um lance mais recente de uma já longa cadeia que inclui a eclosão da Revolução Iraniana; os conflitos internos ao islã entre xiitas e sunitas; as tensões permanentes entre judeus e palestinos; os incêndios a clínicas de aborto por parte do fundamentalismo estadunidense mais recente.

Pragmática

Outro aspecto, efetivamente paradoxal, decorre do que acabamos de considerar: ao mesmo tempo em que emergem com a finalidade de combater a Modernidade, os movimentos fundamentalistas usam dela em um de seus aspectos mais fun-

[18] Ibid., p. 8.

damentais: o pragmatismo ou, numa acepção mais pejorativa, o utilitarismo, marca de uma civilização que, entre outras coisas, conseguiu a proeza, mostrada claramente por Weber e tantos outros, de subordinar à ambição do lucro até mesmo a satisfação das necessidades fundamentais dos grupos humanos.[19] Essa inversão é característica da Modernidade, e implica, numa linguagem direta, a justificação do uso dos meios pelos objetivos que se pretende alcançar. É nesse momento que valores, como os direitos humanos e o pluralismo, tanto no campo religioso como no cultural mais amplo, se vêem em risco.

Essa reflexão faz pensar, portanto, nas formas dúbias com que os grupos fundamentalistas têm estabelecido sua interação com expressões da Modernidade que, em linhas gerais, é vilipendiada por todos eles. Poder-se-ia pensar que, filho rebelde da Modernidade, o fundamentalismo tende a radicalizar algumas de suas marcas, não só o pragmatismo/utilitarismo. O individualismo moderno, refletido tanto nas certezas absolutizadas que se têm e se impõem quanto na banalização/relativização da vida, própria e de outros, como ainda na percepção do escatológico em termos exclusivos de destino e recompensa pessoais após a morte, seria outro tópico a ser considerado.

Mas podemos concluir esse passo da reflexão. Concordamos com Karen Armstrong quando, baseada em Marvin E. Marty e R. Scott Appleby, pondera que os grupos fundamentalistas desenvolvem "formas de espiritualidade combativas, que surgiram

---

[19] Aqui devemos muito a ARMSTRONG, Karen. *Em nome de Deus*, op. cit.

como reação a alguma crise. Enfrentam inimigos cujas políticas e crenças secularistas parecem contrárias à religião". Eles

> não vêem essa luta como uma batalha política convencional, e sim como uma guerra cósmica entre as forças do bem e do mal. Temem a aniquilação e procuram fortificar sua identidade através do resgate de certas doutrinas e práticas do passado. Para evitar contaminação, geralmente se afastam da sociedade e criam uma contracultura; não são, porém, sonhadores utopistas. Absorveram o racionalismo pragmático da Modernidade e, sob a orientação de seus líderes carismáticos, refinam o "fundamental" a fim de elaborar uma ideologia que fornece aos fiéis um plano de ação. Acabam lutando e tentando ressacralizar um mundo cada vez mais cético.[20]

O oposicionismo seletivo a características marcantes de certa Modernidade que frustrou muitas gerações que nela apostaram, ao mesmo tempo em que soou agressiva e destruidora das tradições que é preciso defender e em nome das quais se deverá agir e lutar, assumirá configurações distintas, a depender do tempo, do espaço, mas principalmente das matrizes religiosas de que ele provenha. Os fundamentalismos tenderão a divergir radicalmente entre si por conta da base teológica que anima cada um deles, e eventualmente conflitarão pela posse exclusiva da verdade de uma mesma tradição religiosa. Daí que no próximo capítulo nos coloquemos exatamente a tarefa de apresentar os contornos mais destacados de algumas das expressões fundamentalistas presentes nos dias atuais.

---

[20] Armstrong, *Em nome de Deus...*, p. 11.

QUESTÕES

1) Reflita sobre a adequação, ou não, de usar o termo "fundamentalismo" na análise de grupos de tradições religiosas distintas, bem como os riscos que possam existir nesse uso.
2) Que características você considera mais importantes para a qualificação de um movimento ou grupo religioso como fundamentalista? E que outros traços você acrescentaria àqueles que foram expostos e comentados neste capítulo?

BIBLIOGRAFIA SUGERIDA

MARTY, Martin E. O que é fundamentalismo? Perspectivas teológicas. *Concilium*, Petrópolis, 1992, n. 241, pp. 13-26.

PACE, Enzo; STEFANI, Piero. *O fundamentalismo religioso contemporâneo*. Apelação, Paulus, 2002. pp. 143-160.

III

FUNDAMENTALISMOS NO SÉCULO XX

OBJETIVOS

- Apresentar algumas das principais tendências fundamentalistas em quatro das grandes tradições religiosas da humanidade.
- Destacar alguns dos efeitos da ação de grupos fundamentalistas em outros campos da vida social.

SUBSÍDIOS PARA APROFUNDAMENTO

Os fundamentalismos estão aí com grande ferocidade.
Não podem se esconder atrás de belas expressões.
Leonardo Boff

Na exposição que se segue, consideraremos com maior detalhe os fundamentalismos no interior do cristianismo (privilegiando aqui o catolicismo e o protestantismo), do judaísmo e do islamismo, ou seja, das religiões nascidas no Oriente Médio e que, por diversos caminhos, se espalharam para várias latitudes do globo. Mas focaremos inicialmente os fundamentalismos hindu e *sikh*. O enfoque aqui adotado enfatizará os elementos de ordem doutrinal e de conduta que explicam posturas com repercussão além do âmbito especificamente religioso.

No hinduísmo e no sikhismo

O termo hindu se referia, originalmente, não a uma tradição religiosa, mas a um povo, aquele que vivia às margens do rio Indo. Só com a expansão muçulmana no século X é que o termo passou a indicar um componente étnico e religioso, ainda assim designado pela negativa: hindu era quem não era muçulmano! De toda forma, entendamos por hinduísmo a vasta gama de concepções e rituais regida pela lei do darma, fundamento da ordem cósmica e social, da qual se é parte e à qual se deve submeter, gama essa registrada numa complexa tradição escrita, configurada pelo *Veda* ("Saber") e pelo *Smrti* ("Tradição confiada à memória"), cada qual composto por vários livros.

Ora, um dos traços marcantes da ordem sociorreligiosa hindu é o sistema de castas, visto não necessariamente de forma estática, mas em constante mudança. Mas esta se veio acelerando de algum tempo para cá, confundindo-se de alguma forma com a luta pela independência diante do domínio inglês e com a inserção indiana no capitalismo globalizado. Pode-se perceber uma

> progressiva dissolvência dos vínculos de tipo religioso que caracterizavam a pertença de um indivíduo a uma casta, imutável nos seus ritos e nas suas regras de funcionamento interno e, sobretudo, marcada por fronteiras inultrapassáveis que diferenciavam os indivíduos do

ponto de vista religioso e social. Esses vínculos tendem agora a ser substituídos por mecanismos de pertença puramente social, econômica e, sobretudo, política.[1]

Tal substituição, se de um lado é bem vista pelos setores "modernizantes" da sociedade indiana, por outro é tida como ameaça à perenidade da tradição hindu, que ainda tem de lidar com o risco muçulmano e mesmo as missões cristãs de diversos matizes. Já desde meados do século XIX riscos à integridade hindu eram sentidos, o que gerou o movimento *Arya Samaj*, que pretendia reconduzir ao hinduísmo tradicional aqueles segmentos mais sensíveis à influência ocidental. Grupos ainda mais ciosos do que chamam *hinduidade* (*hindutva*) puderam assim expressar-se:

> Os povos não hindus do Indostão devem adotar a cultura e a religião hindu, devem aprender a respeitar e a venerar a religião hindu sem seguir outro ideal que não seja o da glorificação da nação hindu; isto é, devem não só abandonar todas as atitudes de intolerância, de ingratidão para com esta terra e suas tradições seculares, mas também nutrir um sentimento positivo de amor e de devoção.[2]

Os hindus formam um povo cujas raízes e identidade encontram-se nos veneráveis textos sagrados e no fato de que desde tempos ancestrais ele vem habitando a mesma terra comum. Pelo fato de tal exclusivismo ser levado ao campo da política e da ação concreta, o solo indiano tem sido palco de violentos

---

[1] PACE, Enzo; STEFANI, Piero. *O fundamentalismo religioso...*, p. 109.
[2] Assim se expressou em 1938 o ativista Golkawar, em: ibid., pp. 115-116.

conflitos entre grupos sociorreligiosos distintos, e entre estes e outros setores da sociedade. E em boa medida a expressão fundamentalista do sikhismo, religião minoritária na Índia, mas maioria num dos estados que compõem o país, o estado de Punjab, e com presença significativa na Grã-Bretanha,[3] se alimenta das controvérsias, que têm por vezes ultrapassado o âmbito do debate verbal e assumido a forma da violência, com as tendências fundamentalistas hindus. Teremos ainda de voltar a esse assunto.

No judaísmo

Obedecendo à cronologia do surgimento das expressões religiosas provenientes do Oriente Médio, vamos às expressões judaicas do fundamentalismo. Em favor da brevidade, consideraremos as questões envolvidas na criação do atual Estado de Israel (em 1948), após quase dois mil anos de diáspora e segregação por vários cantos do mundo, que culminaram na terrível *Shoah* nazista.

Dentre os diversos grupos judeus que, em fins do século XIX, pleiteavam o reconhecimento da nação, um logo assumiu a posição segundo a qual o real lugar dos judeus era a Terra Santa, o único lugar que lhes pertencia efetivamente e onde, portanto, o Estado judeu deveria ser construído. Esse movimento ficou

---

[3] Para uma rápida apresentação do sikhismo, pode-se conferir: DÍEZ DE VELASCO, Francisco. *Hombres, ritos, dioses*: introducción a la historia de las religiones. Madrid, Trotta, 1995; ou KAPANI, Lakshmi. O sikhismo. In: DELUMEAU (org.). *As grandes religiões do mundo*..., pp. 418-427.

conhecido como sionista e deu origem ao "Sionismo judeu". Ele se alimentava do espantoso lema "uma terra sem povo para um povo sem terra". Tratava-se, em princípio, de um movimento estritamente político, embora manifestamente ousado, que visava ao resgate e ao estabelecimento de uma nação judaica no meio da região da então Palestina. Uma pergunta que certamente pode e deve ser feita refere-se às razões de os judeus sionistas quererem estabelecer-se exatamente numa região onde, já havia centenas de anos, vivia uma população majoritariamente árabe. Obviamente a resposta não pode deixar de lado o apelo religioso. O próprio David Ben-Gurion (1886-1973), grande mentor da implantação do Estado de Israel e muito pouco comprometido com ideais explicitamente religiosos, pôde assim expressar-se:

> Somente ao povo que voltar a radicar-se em sua terra e se identificar com as belezas naturais refletidas em cada página bíblica — e cuja língua seja sua língua viva e natural, aquela em que sonha e pensa, consciente e inconscientemente — o Livro desvendará todos os seus segredos mais íntimos, assim como a alma do Livro e o povo se confundirão numa só coisa.[4]

O movimento sionista não foi unanimemente aceito dentro da comunidade ortodoxa judaica. Houve quem apoiasse o sionismo e quem o repudiasse, por acreditar que as formas de ação visando conquistar a Terra Santa ou teriam extrapolado todos os mandamentos da Torá ou os teriam ignorado. Na verdade,

---

[4] Citado em: FERREIRA, Oliveiros S. Ação política, ideologia e religião. In: DUPAS, Gilberto; VIGERANI, Tullo (orgs.). *Israel-Palestina*; a construção da paz vista de uma perspectiva global. São Paulo, Unesp, 2002. p. 319.

Ben-Gurion sonhava com um Estado socialista, o que o tornava malvisto por algumas alas do judaísmo; de outro lado, setores judeus censuraram-lhe alguns dos métodos de ação que levariam a que Israel se instalasse em intenso conflito com os árabes e palestinos. De toda forma, a grande maioria dos grupos fundamentalistas judeus está envolvido diretamente nas definições a respeito do território de Israel, das relações com os palestinos e do caráter secular ou religioso do Estado judeu.

O fundamentalismo judeu tem um traço peculiar, que se soma a outros já comentados: o componente étnico. A afirmação da identidade de um povo, nesse caso o judeu, a ser concretizada numa terra específica, ganha fundamento poderoso quando baseada numa interpretação literal do texto sagrado, a Torá, e particularmente do tema da promessa da terra, feita a Moisés e aos hebreus escravizados no Egito. Na lógica fundamentalista, a terra sagrada é "inseparável das duas realidades mais sagradas: Deus e a Torá".[5]

Tal convicção conduz a um dos problemas mais graves e delicados do momento presente, mas que já vem de décadas. De acordo com Pace e Stefani, os grupos fundamentalistas judeus se dividiram em duas posições básicas. Uma ala adotou "uma linha de rejeição intransigente de qualquer hipótese de cedência de terras em Israel", pois isso "significaria colocar em risco a vida dos próprios hebreus presentes nessas áreas, fato absolutamente proibido pela lei religiosa". Já outros grupos "são contrários a uma política incondicional de anexações [de terras]. O fundamento

---

[5] ARMSTRONG, Karen. *Em nome de Deus...*, p. 177.

bíblico dessa linha política inspira-se no preceito que recomenda aos hebreus 'não irritar as nações', fato que poderia causar o isolamento de Israel".[6]

Entre os primeiros, há que se mencionar o Gush Emunim (Bloco dos fiéis), surgido em 1974. Esse grupo se propôs a judaizar o Estado de Israel, cujo caráter secular era visto como a principal causa de sua fragilidade:

> Deus participou na fundação do Estado de Israel? Embora a pergunta pareça irreverente, ela possui um transfundo histórico. No documento fundante [...] não se faz menção de Deus [...]. Os judeus ortodoxos se haviam oposto a que Deus fosse incluído na obra humana que era o "Estado de Israel", embora desde o primeiro dia de sua fundação tenham feito todo o possível para que Israel se convertesse num "Estado judeu" [...]. Todos os grupos ortodoxos compartilham a convicção de que o Estado secular representa um mal a ser superado e vencido.[7]

Seus membros não só se julgavam os únicos capazes de realizar aquilo que o sionismo secular não tivera condições de efetivar, ou seja, garantir a segurança do "grande Israel" (e isso trataram de fazer por meio de inúmeros assentamentos de colonos judeus nos territórios palestinos ocupados), como vieram a ser descobertos, dez anos depois, como artífices de projetos que previam inúmeras explosões, desde ônibus cheios de árabes até as mesquitas da Rocha e Al-Aqsa, de Jerusalém. Agiam

---

[6] PACE, Enzo; STEFANI, Piero. *O fundamentalismo religioso contemporâneo...*, p. 95.

[7] KIENZLER, Klaus. *El fundamentalismo religioso*; cristianismo, judaísmo, islamismo. Madrid, Alianza, 2005. pp. 122-123.

em função não do ideário do "Estado de Israel", mas da "Eretz Israel", expressão bíblica que significa "Terra de Israel" e que, no entendimento deles, legitimava a tal política de assentamentos. Desde o governo do primeiro-ministro Menahem Begin recebem amplo apoio, logístico e financeiro, e mesmo após a descoberta de seus planos terroristas têm conservado prestígio e influência. E vieram tratando de convencer, ainda por certo tempo, que a redenção de Israel é condição para a redenção de todo o mundo: "Da habitação de *toda* a terra de Israel por seu povo advirá a salvação para toda a humanidade".[8]

Mas já em 1967 os grupos fundamentalistas tinham motivos para cantar vitória. Com as conquistas da Cisjordânia, da península do Sinai e das colinas de Golã na "Guerra dos seis dias", as fronteiras do território controlado por Israel quase coincidiam com aquelas que, segundo os relatos bíblicos, definiam os contornos do reino de Davi e Salomão. Passava-se da "israelidade" para a "judaidade".[9] Diante de tal façanha, não estranharia ver, quase trinta anos depois, um primeiro-ministro de Israel, Yitzak Rabin, assassinado, não por um fundamentalista islâmico, mas por um fundamentalista inspirado nos ideais apregoados pelo Gush Emunim, visto que o político israelense assinara acordos que, entre outras coisas, previam devolução de terras aos palestinos.

Também o grupo *Ateret Cohanim* [Coroa de sacerdotes], surgido em 1978 e instalado na parte muçulmana de Jerusalém, em

---

[8] Rabino Eleazar Waldman, citado em: ARMSTRONG, *Em nome de Deus...*, p. 321. Os dizeres do rabino são exemplos claros de uma interpretação fundamentalista de Gênesis 12,3.

[9] Gideon Aran, citado em: KEPEL, Gilles. *A revanche de Deus*. São Paulo, Siciliano, 1991 p. 187.

local diretamente voltado para o Monte do Templo, tinha óbvias intenções: sua atividade básica era o estudo de textos relativos ao culto e aos ritos sacrificais que se davam no Israel bíblico, na perspectiva da vinda do messias e da restauração do templo, o que exigiria a destruição das mesquitas muçulmanas. Vários dos grupos judeus fundamentalistas entendem que tal destruição é condição prévia para a vinda do messias.

Poderíamos continuar elencando grupos fundamentalistas, estratégias de ação e convicções religiosas que as embasam.[10] Mas podemos concluir, salientando, com Kienzler, que as facções fundamentalistas religiosas judias conseguiram impor, no âmbito da lei civil, os seguintes princípios, entre outros: a lei do sábado, a lei *Kosher* (que prevê que rabinos supervisionem a preparação de refeições em hotéis e restaurantes) e as leis sobre o matrimônio, que excluem a possibilidade do casamento civil.[11] E continuam a achar que o sionismo secular, responsável pela instalação do Estado moderno de Israel, é uma etapa a ser vencida rumo a um Israel que expresse, na política, no direito e em tantos outros campos da vida pessoal e social, o que entendem sejam os ideais bíblicos. Para que a alma do Livro e o povo se confundam numa só coisa, como queria o próprio Ben-Gurion.

---

[10] Outros grupos fundamentalistas, como os *Haredim* (Tementes a Deus), embora com inúmeras facções internas, tinham agenda semelhante: desde os anos 1970 exigiam de Israel uma "volta ao judaísmo" e o arrependimento, a ser efetivado pela adoção estrita dos preceitos da lei judaica, a *halakah*.

[11] KIENZLER, *El fundamentalismo religioso*..., pp. 119-121. Outros detalhes sobre os fundamentalismos judeu, cristão (protestante) e muçulmano, cf. ARMSTRONG, *Em nome de Deus*..., cit.

No cristianismo

A abordagem das formas cristãs de fundamentalismo exige a consideração das vertentes principais em que o cristianismo se vê dividido. Não trataremos aqui do fundamentalismo ortodoxo, por uma questão de espaço;[12] concentrar-nos-emos nas suas expressões protestante e católica.

No cristianismo protestante

De alguma forma, ao voltarmos aos Estados Unidos retomamos o fio da história que apresentávamos no capítulo I. Mas agora estamos em meados dos anos 1970, quando o fundamentalismo protestante faz o que para muitos soou como um reingresso na cena sociopolítica estadunidense. O escândalo de Watergate, que levou à renúncia do presidente Nixon, e o fiasco militar no Vietnã, com suas conseqüências no moral do povo e da nação, forneceram a oportunidade adequada para que os grupos fundamentalistas pudessem erguer suas vozes contra o que entendiam ser a degeneração moral e religiosa do país, evidenciada na legalização do aborto, na liberação sexual, nas concessões a reivindicações feministas, no reconhecimento de direitos civis aos homossexuais, na influência preocupante do comunismo, entre outros exemplos.

Se o ideário fundamentalista já fazia parte significativa da agenda política na época em que veio a ser eleito o presidente Jimmy Carter (1977), é principalmente no contexto da campa-

---

[12] Para uma breve notícia e análise, pode-se ler: YANNARAS, Christos. O desafio do tradicionalismo ortodoxo. *Concilium*, Petrópolis, 1992, n. 250, pp. 105-113.

nha eleitoral da qual Ronald Reagan sairia vencedor (1980) que ele se mostra como fator de solução da crise social, econômica, moral e religiosa. O humanismo secular, corruptor dos valores morais e religiosos tradicionais, e ainda das instituições sociais e políticas, é reiterado como o grande inimigo a ser combatido, agora com armas ainda mais potentes, e de largo alcance: os programas televisivos de líderes evangélicos como Jerry Falwell e Pat Robertson, entre muitos outros, que endereçaram à nação "uma palavra eletrônica, viva e enérgica de protesto político e religioso".[13] Tratava-se de fazer "renascer" tantas e tantas pessoas que ainda não haviam percebido que seu país era o país de Deus, convencê-las a

> assumir ativamente nossa responsabilidade de cidadãos e de membros da família de Deus. Precisamos nos mobilizar para eleger representantes que não só reflitam no governo a moralidade da Bíblia, como elaborem políticas interna e externa que protejam nosso país e nosso estilo de vida.[14]

Jerry Falwell fundou, em 1979, o movimento *Moral Majority* (Maioria moral), que, para alcançar o impacto esperado, não temeu incorporar em seu interior católicos, judeus e inclusive seculares que partilhassem de seus ideais, expressos claramente:

> Acredito [que haja esperança para nosso país] porque cremos em Deus e oramos; porque nós, cristãos, lideramos a luta para proibir o aborto, que é um crime por encomenda; porque nos posicionamos

[13] PACE, Enzo; STEFANI, Piero. *O fundamentalismo religioso contemporâneo...*, p. 37.
[14] Hal Lindsey, citado em: ARMSTRONG, *Em nome de Deus...*, p. 308.

contra a pornografia, o tráfico de drogas, a ruptura da tradicional família americana, a promoção de casamentos homossexuais; porque apoiamos uma defesa nacional forte para que este país sobreviva e nossos filhos conheçam a América que conhecemos.[15]

A *Moral Majority* irá fazer parte daquilo que, no cenário político estadunidense, viria a se chamar Direita Cristã, que tinha o firme propósito de "trazer Deus para o mundo". Nesse âmbito destacou-se outro televangelista, Pat Robertson, que por mais de uma vez pleiteou a candidatura, pelo Partido Republicano, à presidência de seu país. Esse mergulho no mundo da política se justificava pela sensação, comum a esses grupos, de que era a ausência do princípio religioso (ou a indiferença a eles) nas altas esferas do poder que estimulava o relaxamento dos valores morais. No contexto político presente essas correntes exercem enorme influência e poder no desastrado governo Bush Jr., estimulando fortemente, no campo das ações internacionais, as intervenções militares, as violações de territórios e a defesa incondicional do Estado de Israel.

Mais recentemente, o fundamentalismo protestante estadunidense tem lidado com novos problemas e tendências. Entre os primeiros, os escândalos, envolvendo muito sexo e dinheiro, que atingiram alguns dos mais importantes televangelistas do movimento. Entre as últimas, uma aproximação das correntes pentecostais, de que anteriormente se censurava o caráter emo-

---

[15] Jerry Falwell (1980), cit. em ARMSTRONG, *Em nome de Deus...*, p. 347. Em outra oportunidade, Falwell listou cinco problemas importantes merecedores da atenção prioritária da nação: aborto, homossexualismo, pornografia, humanismo e destruição da família (cf. KEPEL, *A revanche de Deus*, pp. 145-146).

tivo manifesto nos cultos, e a radicalização de expectativas e procedimentos, como se pode encontrar no movimento denominado *Reconstruction* (Reconstrução), liderado por Gary North e Rousas John Rushdoony. Segundo eles, na síntese esclarecedora de Karen Armstrong,

> cabe-lhes [aos cristãos] a responsabilidade de instituir o reinado de Jesus *antes* de sua vinda. No entanto, não terão de fazer nada nesse sentido, pois o próprio Deus destruirá o Estado moderno [...]. Quando o Reino vier, não haverá mais separação entre Igreja e Estado [...]; e a sociedade será reorganizada segundo termos estritamente bíblicos [...]. Ocorrerão o restabelecimento da escravidão, o fim do controle da natalidade [...], a execução de adúlteros, blasfemos, astrólogos e bruxos [...]. Deus não está do lado dos pobres [...]. Existe uma "estreita relação entre maldade e pobreza". Não se empregarão verbas de impostos em programas de bem-estar social, pois "sustentar vagabundos é sustentar o mal". O mesmo princípio vale para o Terceiro Mundo, que provocou os próprios problemas econômicos com seu gosto pela perversidade moral, pelo paganismo e pela demonologia.[16]

Entre outras estratégias de ação está a retirada, por parte das famílias cristãs, de seus filhos das escolas públicas; enquanto isso não ocorrer, garante North, "não haverá possibilidade de criar uma república teocrática".[17] Por outro flanco, foram inúmeras as campanhas educacionais em redes de escolas visando mostrar que as propostas fundamentalistas estavam alicerçadas em valores

---

[16] ARMSTRONG, *Em nome de Deus...*, p. 399.

[17] Gary North, citado em: APPLE, Michael W. *Educando à direita*; mercados, padrões, Deus e desigualdade. São Paulo, Cortez/Instituto Paulo Freire, 2003. p. 206.

bíblicos e que, portanto, fugiam de todos os valores que a cultura secularista moderna propunha. Os educadores fundamentalistas pretendiam preparar para o futuro "um exército espiritual de jovens que são a favor da vida, da moral e dos Estados Unidos".[18]

É suficiente. Dos magnatas do petróleo de ontem, financiadores da série *The Fundamentals*, até os "reconstrucionistas" defensores do retorno da escravidão, evidencia-se o embasamento do fundamentalismo protestante estadunidense "sobre um *ethos* de empreendedor ligado a uma sociedade capitalista competidora que funciona sobre a base da competência individual e do deixar fazer".[19] A tese de Weber sobre as afinidades eletivas entre uma certa ética de matriz protestante e o espírito do capitalismo que, ao se encontrarem nas colônias inglesas da América do Norte, mutuamente se alimentaram, se vê confirmada.[20] E se nota, de forma exacerbada, o efeito da visão religiosa e escatológica centrada exclusivamente no indivíduo e seus anseios, aqui e no além.

No cristianismo católico

A explícita relação de hostilidade para com a Modernidade precede, no campo católico, as movimentações que levariam à eclosão do fundamentalismo protestante nos Estados Unidos. Não se deve perder de vista que essa postura católica tem suas raízes em tempos bem mais longínquos, e o Concílio de Trento, com sua finalidade imediata de reagir aos rumos estabelecidos

---

[18] ARMSTRONG, *Em nome de Deus*, p. 309.

[19] Daniel Alexander, citado em: ORO, Ivo Pedro. *O outro é o demônio...*, p. 96.

[20] WEBER, Max. *A ética protestante e o "espírito" do capitalismo*. São Paulo, Companhia das Letras, 2004.

pela Reforma Protestante, acabou por se tornar um esteio dessa postura restritiva. Não à toa os grupos fundamentalistas católicos têm nos decretos do referido concílio, mais que na Bíblia, a base para suas posições. Mas fiquemos no século XIX. Como efeito um tanto retardado das implicações da Revolução Francesa, papas como Gregório XVI e Pio IX não temeram insurgir-se contra o que viam como malefícios desastrosos trazidos pelo mundo moderno nos âmbitos cultural, social, político etc. Com a promulgação, em 1864, do *Syllabus*, uma coletânea de postulados modernos considerados inaceitáveis anexada à encíclica *Quanta cura* ("Com quanto cuidado"), Pio IX tratou de marcar claramente a distância a ser estabelecida entre a Igreja Católica e o mundo corrompido ao seu redor. A última das proposições condenadas era a seguinte: "O Pontífice Romano pode e deve conciliar-se e transigir com o progresso, com o Liberalismo e com a Civilização moderna".[21] Junto a essa estão outras, que negam legitimidade aos regimes republicanos e à separação entre Igreja e Estado, bem como ao direito da liberdade de consciência e religiosa. E não é coincidência que a definição da infalibilidade papal se dê quando um dos grandes "males" do mundo moderno vai tratando de "mostrar as caras": o relativismo.

Feita essa observação de início, é curioso notar como deslocamentos dentro do universo fundamentalista católico estão em estreita coincidência com seus similares protestantes nos Estados Unidos. Enquanto estes se encaminhavam para a definição dos "fundamentos", o Papa Pio X, em 1907, promulgava a encíclica

[21] Para um contato com o todo do documento, veja http://www.veritatis.com.br/article/457 (06/04/08).

Pascendi dominici gregis [Apascentar o rebanho do Senhor];[22] os temores de uma secularização da vida social marcavam de tal modo os fundamentalismos, tanto o protestante estadunidense como aquele espanhol de fins do século XIX, que pretendiam impregnar com um catolicismo intransigente toda a vida da nação.[23] Se o já citado "caso Scopes" sacudiu a nação estadunidense, opondo fundamentalistas protestantes a grupos liberais e/ou seculares, no âmbito católico tivemos a condenação formal das obras do Pe. Teilhard de Chardin, que advogava uma teologia que incorporasse princípios básicos da teoria evolucionista de Darwin. A repulsa ao comunismo lá e cá é categórica, e desencadeou articulações estratégicas importantes, que também se desenvolveram em relação à temática do aborto.[24]

Mas é no interior da própria instituição eclesial que devem ser buscadas as expressões fundamentalistas católicas mais incisivas.[25] Vindo para um tempo mais próximo ao nosso, recordemos o Concílio Vaticano II, convocado pelo Papa João XXIII, que afirmava não concordar com os que ele denominava "profetas da desventura", ou seja, quem via na Modernidade só um mal a ser combatido. Suas palavras abrindo o concílio expressavam

---

[22] Para contato com a referida encíclica, http://www.vatican.va/holy_father/pius_x/encyclicals/documents/hf_p-x_enc_19070908_pascendi-dominici-gregis_po.html (6/04/08).

[23] Veja Apêndice 3.

[24] É altamente sugestivo que o presidente George W. Bush tenha comparecido aos funerais do Papa João Paulo II. Se se contestar com a observação de que se tratou de um protocolo diplomático, poder-se-ia pensar por que razões algo similar não ocorrera antes...

[25] Sobre o fundamentalismo católico no início do século XX, ver: AÇÃO DOS CRISTÃOS PELA ABOLIÇÃO DA TORTURA. *Fundamentalismos, integrismos...*, pp. 18-22.

a confiança em que "a Providência está-nos levando para uma nova ordem de relações humanas, que, por obra dos homens e o mais das vezes para além do que eles esperam, se dirigem para o cumprimento de desígnios superiores e inesperados";[26] o que o leva a solicitar o *aggiornamento* ("atualização") da Igreja.

Ora, tanto a avaliação positiva da Modernidade quanto o pedido por um *aggiornamento* eclesial soam ofensivos, e mesmo blasfemos, aos fundamentalistas católicos que, arriscamos imaginar, estariam entre os "profetas da desgraça" de que João XXIII julgava necessário discordar. De toda forma, a reação não demorou, e mesmo hoje a bandeira fundamental dos grupos fundamentalistas católicos é o combate aos supostos erros do concílio, bem como o pleito por sua desautorização, que pode tomar a forma tanto da desqualificação, por seu caráter "apenas" pastoral, não dogmático, quanto de sua simples abolição como um equívoco. Ou, ainda, recorrer ao concílio para deslegitimar pretensões que têm no próprio sua base de sustentação. Numa análise sutil, Pace e Stefani detectam duas formas básicas de contestação fundamentalista ao Concílio Vaticano II e a seus resultados: em primeiro lugar, a tendência que "considera impossível qualquer tímida forma de *aggiornamento*", bem como "de procura de conciliação entre catolicismo e mundo moderno, reafirmando, conseqüentemente, a função mediadora central dos pastores qual fundamento primeiro e absoluto da fé"; por

---

[26] João XXIII. Discurso de Sua Santidade Papa João XXIII na abertura solene do Ss. Concílio, 11 de outubro de 1962. Disponível em http://www.vatican.va/holy_father/john_xxiii/speeches/1962/documents/hf_j-xxiii_spe_19621011_opening-council_po.html (6/04/08).

outro lado, "a atitude animada por um espírito de renovação" que faz uso dos "textos sagrados para legitimar a crítica ao sistema eclesial considerado réu por ter adormecido a fé e se ter ligado aos poderes 'deste mundo'".[27] Tais vertentes, se podem e devem ser diferenciadas para efeito de análise, não necessariamente são estranhas entre si, sendo possível verificar aqui e ali convergências e articulações (efetivamente, é difícil situar um grupo como o *Opus Dei* [obra de Deus] numa ou noutra dessas vertentes; com efeito, ele parece encarnar ambas as facetas).

À primeira corrente podemos vincular os movimentos que tiveram na figura de Dom Marcel Lefèbvre, bispo francês, entre outros, sua inspiração mais destacada. Recentemente têm passado a receber incisivo respaldo oficial e se viram confirmados com a recente decisão do Papa Bento XVI, que liberou a celebração da missa no ritual utilizado antes do concílio (em latim!). Reivindicações nesse sentido começaram quase ao mesmo tempo do encerramento do Concílio Vaticano II, antes mesmo da promulgação do novo missal, por Paulo VI. Além de Lefèbvre e seus seguidores, líderes católicos nos Estados Unidos e em outros países advogam a revogação do concílio recém-terminado e a reimplantação da missa tradicional, "objetivo considerado como símbolo da restauração da doutrina pré-conciliar e instrumento de contestação de toda a teologia *aggiornata*".[28] Na segunda corrente encontramos grupos que, em nome de um retorno às fontes bíblicas e patrísticas (retorno esse pedido pelo concílio!), desenvolverão movimentos de renovação espiritual, que se dis-

---

[27] PACE, Enzo; STEFANI, Piero. *O fundamentalismo religioso contemporâneo...*, pp. 128-129.
[28] Ibid., p. 131.

tinguem dos anteriores por conta de seu fundo marcadamente intimista, o que implica um empenho relativamente discreto no campo político e uma preocupação secundária com a polêmica explícita contra a Modernidade e seus frutos. Trata-se de renovar para manter o mesmo, com alarde muito menor. Nesses âmbitos, a redescoberta católica da Escritura torna-se o ponto de partida para a renovação espiritual. Não que isso venha a comprometer a adesão à instituição religiosa ou a seu Magistério, muito pelo contrário; mas o que se constitui em grupos como o Neo-catecumenato e a Comunhão e Libertação é "uma espécie de pietismo católico que se considera capaz de reanimar uma religiosidade intimista, uma religiosidade do coração iluminada por uma renovada abordagem das fontes bíblicas da fé".[29]

Ambas as vertentes, no entanto, convergem quando na afirmação da dupla faceta do fundamentalismo católico: o doutrinal e o ético. Da faceta doutrinal é expressão clara a declaração *Dominus Iesus* [Senhor Jesus], assinada pelo então cardeal Ratzinger, afirmando a exclusividade da Igreja Católica como propriamente Igreja de Jesus e portadora da verdade, o que pareceu a muitos colocar dificuldades enormes para o ecumenismo (diálogo com as Igrejas cristãs) e quase intransponíveis para o diálogo inter-religioso; da perspectiva ética é testemunho o esforço em impor às sociedades e países preceitos oriundos de sua doutrina (sobre o aborto, direitos de homossexuais, eutanásia etc.) que se chocam com a pluralidade de valores existentes em sociedades que se pretendem democráticas.

---

[29] Ibid., p. 135.

De toda forma, já no fim do pontificado de Paulo VI, os fundamentalismos, a começar dos da segunda corrente, começam a ganhar forte respaldo das mais altas instâncias vaticanas, e no pontificado de João Paulo II se vêem plenamente reconhecidos. Os movimentos em vistas à assimilação dos pleitos dos grupos da primeira corrente começaram um pouco depois, mas têm progredido velozmente, do que é sinal a já referida deliberação de Bento XVI em favor do rito litúrgico tradicional.

Concluamos. A despeito das marcadas convergências, é preciso salientar que talvez a diferença principal entre os fundamentalismos católico e protestante se encontre naquilo que Max Weber já identificara como a ascese intramundana, típica do universo protestante, e a ascese extramundana, marca da vivência católica. Assim, se para o fundamentalismo protestante importa levar Deus de volta ao mundo, do qual foi expulso pelo humanismo secular, para o católico o mundo está irremediavelmente corrompido, e nesse mar de perdição a Igreja, como nau em meio à tempestade em alto-mar, deve mostrar, intocada pelo mal que campeia ao seu redor, o caminho de salvação para o mundo, que não se encontra nele, mas nela. Daí que, embora com incidência política inegável (como o demonstram envolvimentos com as ditaduras de Franco na Espanha, de Salazar em Portugal, de Pinochet no Chile; apoios a golpes militares, como o que derrubou o então presidente Aristide no Haiti; alianças estratégicas com os governos Reagan, Bush I e II para combater regimes de tendência socialista, como o da Nicarágua sandinista) e rejeitando "qualquer forma de liberalismo que separe o público do privado por intermédio do processo de laicização", reivindicando "para a religião o direito de instruir todas as atividades humanas, sejam elas quais forem",[30] a ação dos fundamentalistas católicos tenha como foco primordial o interior da própria Igreja. É aí que os principais embates têm sido travados.

No islamismo

Foi intencionalmente que reservamos para o fim deste capítulo a apresentação dos grupos e tendências fundamentalistas no interior do islamismo. Isso porque, no linguajar e no senso comuns, "fundamentalismo" é uma categoria que só tem sido aplicada a grupos muçulmanos, quando não a todo o islamismo. No entanto, vários dos tópicos que encontramos na abordagem já feita de outras tradições reaparecem aqui, com uma diferença fundamental de perspectiva: se para judeus e cristãos fundamentalistas a Modernidade é uma filha desgarrada do Ocidente de matriz judaico-cristã, para as regiões majoritariamente islâmicas a Modernidade foi experimentada como efetiva e violenta invasão perpetrada pelo Ocidente. Por isso, é preciso adicionar ao antimodernismo do fundamentalismo islâmico a marca antiocidental que o caracteriza. E isso faz muita diferença. Essa percepção de que o Ocidente tem agido como invasor explica as reações enfurecidas do mundo islâmico quando algo lhes soa ofensivo, sejam as palavras de um líder religioso ocidental, ou charges de um jornal europeu, a marcha acintosa de um líder judeu rumo a territórios ou edifícios que os muçulmanos considerem sagrados, ou ainda

[30] Ação dos cristãos pela abolição da tortura, *Fundamentalismos e integrismos...*, pp. 14-15.

as agressões, mesmo que no plano meramente verbal (o que não tem sido o caso!), de um presidente dos Estados Unidos.

Outra observação antes de passarmos à consideração dos fundamentalismos islâmicos: o islã não bebeu, como o cristianismo, das fontes gregas, mormente platônicas, que exigiam fracionar o real em matéria e espírito, corpo e alma, profano e sagrado. Nada escapa ao alcance do religioso. Assim, a secularização, filha da Modernidade capitalista que tratou de tornar independentes da religião tantas dimensões da vida individual e social, é vista pelo islamismo, principalmente por seus fundamentalismos, como um mal terrível, mais um dos que foram trazidos pelo Ocidente dominador e sedutor.

Como indicam Pace e Stefani, o que se costuma chamar de fundamentalismo muçulmano é uma das formas assumidas por um movimento, muito mais amplo, de "renascimento islâmico":

> Após um longo tempo de decadência cultural, política e religiosa, coincidindo, em muitos países islâmicos, com a dominação cultural européia, atualmente se assiste ao aparecimento de movimentos coletivos que se encarregam de dar voz a uma fundamental necessidade de identidade: ser muçulmano num mundo sujeito a transformações de todo tipo sem renunciar às características originárias da própria cultura.[31]

Apenas aos grupos que se puseram a tarefa de refazer aqui na terra Estados fundados sob a lei de Alá, combatendo com isso as tendências secularizantes (ou ocidentalizantes, o que no caso dá na mesma), cabe propriamente a caracterização de "fundamenta-

---

[31] PACE, Enzo; STEFANI, Piero. *O fundamentalismo religioso contemporâneo...*, p. 51.

listas".[32] Algo que se haveria de manifestar mais expressivamente apenas na segunda metade do século XX, portanto depois das eclosões dos fundamentalismos judaico e cristão.

Também aqui será conveniente considerar as expressões fundamentalistas levando em conta as divisões fundamentais encontradas no islamismo: o sunismo, o ramo predominante, e o xiismo.[33]

No islamismo sunita

Dado o caráter altamente descentralizado da religião muçulmana, será preciso escolher dados, nomes e regiões que ilustrarão as formas sunitas de fundamentalismo. Ater-nos-emos aqui ao Egito; mas também consideraremos, mesmo que rapidamente, a problemática palestina.

Embora as matrizes do fundamentalismo egípcio radiquem na "Irmandade muçulmana",[34] fundada em fins dos anos 1920, no contexto das lutas pela independência diante da Inglaterra, e envolvida nas disputas pelo tipo de sociedade e regime político a ser implantado, podemos centrar-nos aqui numa de suas figuras mais destacadas: Sayyd Qutb, que a partir da década de 1950 desenvolve uma obra que se tornará referência para todos os grupos fundamentalistas islâmicos posteriores. Especialmente

---

[32] Veja as diferenças encontradas por Pace e Stefani entre os grupos propriamente fundamentalistas e outros, do "despertar islâmico" e "reformistas" (*O fundamentalismo religioso contemporâneo*..., pp. 55-65).

[33] Sobre essa importante distinção, ver Apêndice 4. Para uma ampla exposição dos fundamentalismos islâmicos, não de todo isenta de preconceitos e juízos questionáveis, pode-se ler: DEMANT, Peter. *O mundo muçulmano*. São Paulo, Contexto, 2004.

[34] Essa organização tinha como lema: "O Alcorão é nossa constituição".

uma, *Fi zilat al-Qur na* [À sombra do Alcorão], escrita na prisão e difundida clandestinamente na forma de fascículos, alcançou enorme repercussão. Em outro trabalho, *Zilat*, propõe "um comentário ao Alcorão que procura traduzir os princípios inerrantes do texto sagrado em instrumentos de análise das formas modernas de organização social".[35] O pensamento de Qutb desenvolve-se em torno de conceitos básicos:

> *Jahiliyya* (ignorância religiosa), *hakkim-miyya* (soberania única e absoluta de Deus), *tali'a* (necessidade de selecionar uma guarda avançada de "missionários guerreiros") e *jihad* (combate na vida de Deus) [...]. Nessa visão teológica, o conceito de soberania divina constitui o elemento central [...]. Um ordenamento que não reconheça esse princípio é uma forma de idolatria; quem, no exercício do poder, se arrogar o direito de se desviar da lei de Deus, de a ignorar, coloca-se a si mesmo contra Deus e contra a comunidade dos crentes.[36]

O terceiro conceito mencionado anteriormente está na base da formação de inúmeros grupos que se viram responsáveis em reconduzir os fiéis muçulmanos adormecidos na fé (regredidos, portanto, ao estado de *jahiliyya*, o mesmo estado em que estavam as pessoas antes da atuação do profeta Mohammed) à estrita observância das normas corânicas. Isso acabará implicando uma alteração na forma de compreender o que seja uma *jihad* adequada aos novos tempos. Explicam Pace e Stefani:

> Historicamente a *Jihad* tinha a função de defender a Casa do Islã (*dar al-Islam*) contra os inimigos externos que a atacavam. Na perspec-

---

[35] PACE, Enzo; STEFANI, Piero. *O fundamentalismo religioso contemporâneo...*, p. 70.

[36] Ibid., pp. 70-71.

tiva de Qutb já não se fala de autodefesa mas sim de recurso à violência como forma de ascese purificadora, justificada pela teologia.

É por isso que Qutb, antes de mais nada, convida os seus sequazes a combater os inimigos externos do islã: os governos considerados ímpios por serem portadores de valores totalmente incompatíveis com a fé islâmica.[37]

O assassinato do presidente egípcio Anwar Sadat, em 1981, em meio a vários protestos e distúrbios ocorridos antes e depois, levado a cabo por um dos grupos alimentados pelos escritos explosivos de Qutb, foi perpetrado pelo fato de aquele líder ter buscado formas de aproximação com o Ocidente, em termos políticos e comerciais, proposto a separação entre religião e Estado e, suprema heresia, assinado em 1979 um tratado de paz com Israel. Essas atitudes denunciavam, aos olhos fundamentalistas, o caráter hipócrita da adesão muçulmana de Sadat, e num cenário como esse "a única forma de ser um bom muçulmano [...] consistiria em participar de uma violenta guerra santa contra o regime".[38] A influência do pensamento de Qutb, através de vários grupos ainda presentes e atuantes no Egito, tem sido incisiva no cotidiano do país, colocando as questões islâmicas no centro do debate. Lutas importantes giram em torno da desejada (por muitos) reconfiguração da constituição do país em função dos preceitos islâmicos. E por vezes têm ocorrido atentados (como seqüestro e morte de turistas) para pressionar o governo a atender a reivindicações de tais grupos, principalmente a libertação de guerrilheiros presos e condenados sem julgamento, em número que pode superar os vinte mil.

---

[37] Ibid., pp. 72-73.

[38] Armstrong, *Em nome de Deus...*, p. 373.

Se passamos ao caso palestino, obviamente temos de pensar na problemática que envolve o Estado de Israel, a ocupação de um território que até sessenta anos atrás se chamava simplesmente Palestina, algo de que já tratamos quando abordamos o fundamentalismo judeu. Saliente-se mais uma vez que, do ponto de vista estritamente religioso, o caráter explosivo do problema radica-se na existência da Esplanada das Mesquitas, lugar em que o profeta Mohammed, segundo os muçulmanos, foi conduzido a uma viagem até os céus. A resistência à ocupação israelense não assumiu, em seus inícios, uma conotação acentuadamente religiosa; mas quando o grupo político liderado por Yasser Arafat, ao se movimentar na direção de um entendimento com Israel (recordemos os acordos de Oslo e a assinatura de um tratado de paz em 1993) não viu realizados vários de seus intentos, o que se viu nascer foi a primeira *Intifada* (resistência), estimulada primeiramente pelo grupo *Jihad islâmica*, e depois pelo *Hamas*, que hoje controla politicamente a Faixa de Gaza, território entre Israel e Egito devolvido aos palestinos. Para esse grupo, no exato paralelo com seus similares judeus (com sinal trocado, é claro), a terra palestina não há de ser dividida: é preciso derrubar o sionismo e implantar um Estado palestino islâmico.

No islamismo xiita

A expressão xiita do islamismo é encontrada basicamente no Irã e no Iraque. Mas evidentemente o que mais se conhece do fundamentalismo xiita refere-se ao Irã, especialmente ao movimento de enormes proporções que em 1979 derrubou o governo constituído e trouxe ao poder o até então exilado aiatolá Ruhollah Khomeyni. Sob o xá Reza Pahlevi, o governante até então, ocorrera a separação entre Estado e religião, negócios com o Ocidente, especialmente os Estados Unidos, enriqueceram uma pequena elite, consumidora ávida de bens alcançados em troca do fornecimento de petróleo. Mas faltavam alimentos, e a inflação aumentava, levando parcelas crescentes da população à fome e à miséria. O descontentamento crescente, expresso primeiramente por um grupo de escritores, logo seria capitaneado pelo clero xiita. O apoio que os Estados Unidos garantiram a Pahlevi até o fim lhes angariou sem dificuldade o qualificativo de "Grande Shaitan". Conforme K. Armstrong, com esse apelido, os Estados Unidos não estavam sendo qualificados como "diabolicamente malvados", mas algo mais preciso: "No xiismo popular, Shaitan, o Tentador, é uma criatura ridícula, cronicamente incapaz de apreciar os valores espirituais do mundo invisível".[39] E Khomeyni, exilado em 1963 por liderar propostas de reforma da administração pública que pareciam agredir as tradições islâmicas, tornar-se-ia o ideólogo do regime que emergiria com a queda do xá. Seu programa, segundo Demant, ancorava-se em três pontos principais:

> Primeiro, Khomeyni ativou o mito fundador xiita, Karbala. Os muçulmanos precisavam descartar sua passividade e, sob a liderança dos ulemás [sábios religiosos], imitar a resistência do imã Hussein contra a opressão; o xá seria um novo Yazid. Segundo, se os muçulmanos quisessem cumprir seus deveres religiosos, eles precisariam da estrutura de um Estado islâmico [...]. E, terceiro, Khomeyni desenhou a estrutura política do Estado religioso que ele prescrevia: o governo de um Estado islâmico teria que se basear no princípio da *vilayat-e*

---

[39] ARMSTRONG, K. *Em nome de Deus...*, p. 337.

faqih, a vice-regência (esperando o imã) do *faqih*, ou seja, legista-mor do *fiqh*, que concentraria poderes em suas mãos, assegurando a concordância das leis com a xariá.[40]

A título de esclarecimento, em 680, Hussein, filho de Ali, genro de Mohammed, foi assassinado a mando de Yazid, em Karbala, atual Iraque. A memória dessa morte é celebrada numa das solenidades mais importantes do calendário xiita: o *Ashura*, ocasião para que os fiéis proporcionem manifestações impressionantes de luto e penitência; por conta disso, Yazid é figura presente no imaginário religioso xiita, considerado o protótipo do mal. Quanto à xariá, trata-se do código legislativo islâmico, que contém prescrições relativas a praticamente todos os âmbitos da vida.

Além de ideólogo do novo regime, Khomeyni acabou por ser, como se sabe, seu principal líder quando finalmente retornou do exílio, no início de 1979, aclamado pela multidão revolucionária. A revolução iraniana contou também com a contribuição teórica importante de Ali Shari'ati, professor de sociologia que reinterpretou o Alcorão e a tradição xiita, inclusive sua mística, à luz de conceitos emprestados ao marxismo e a outras teorias antiimperialistas. No entanto, ninguém no Ocidente conseguia entender como, nesse momento da história, emergia o que parecia uma contradição em termos: uma revolução religiosa instauradora de um governo islâmico. Nos dez anos em que conduziu os rumos do país, Khomeyni afastou aliados que não comungassem de seus ideais estritamente religiosos, conseguiu a aprovação, por meio de referendo popular, de uma nova constituição, além da progressiva "unidade de expressão",

---

[40] DEMANT, *O mundo muçulmano...*, p. 229.

o cenário em que todos virtualmente comungassem das mesmas idéias, as estabelecidas pela religião e impostas pelo regime. Khomeyni justificava: "Hoje o islã se confronta com o inimigo e com a blasfêmia. Precisamos de poder. Só se obtém poder voltando-se para Deus, o altíssimo e bendito, e através da unidade de expressão".[41] Uma das últimas medidas de Khomeyni, tomada quatro meses antes de sua morte (ocorrida em junho de 1989), foi o decreto de morte contra o escritor Salman Rushdie, autor de um romance considerado ofensivo ao Alcorão e ao Profeta. Os anos posteriores mostraram oscilações quanto a posturas de maior liberalidade interna e de relações com o mundo não islâmico, particularmente o ocidental, também por conta de acirrados conflitos entre grupos distintos do clero xiita. Mas certamente as agressões estadunidenses ao mundo islâmico ao longo dos anos do governo Bush concorreram para que, no momento, o Irã esteja sendo governado por uma ala do clero xiita para quem a observância mais estrita do islamismo é imprescindível para a continuidade do processo revolucionário.

Concluamos. Nossa exposição não pretendeu ser exaustiva. Ela quis apresentar alguns dos caminhos mais importantes trilhados por fundamentalismos de variadas tradições religiosas. Se, de um lado, eles são, talvez, a face mais evidente daquilo que os olhos ocidentais até havia pouco teimavam em não perceber, a presença efetiva do religioso na cena pública atual, por outro lado, coloca desafios importantes, seja para quem tem responsabilidades no âmbito político, seja para quem aposta na possibilidade de contribuir para uma ética mundial que tenha

---

[41] Citado em: ARMSTRONG, *Em nome de Deus...*, p. 359.

como base o intercâmbio cultural entre os povos e a convergência entre princípios básicos das grandes tradições religiosas, como propõe, entre outros, o teólogo Hans Küng. Voltaremos a esse assunto na conclusão deste trabalho. Antes, cabe considerar o fenômeno fundamentalista nos dias mais recentes. É o que buscaremos fazer no próximo capítulo.

QUESTÕES

1) Que aspectos mais chamaram sua atenção no agir e pensar dos grupos fundamentalistas apresentados neste capítulo?
2) Na sua avaliação, por que é no fim da década de 1970 que as tendências fundamentalistas se fazem notar com mais destaque?

BIBLIOGRAFIA SUGERIDA

AÇÃO DOS CRISTÃOS PELA ABOLIÇÃO DA TORTURA. *Fundamentalismos, integrismos*; uma ameaça aos direitos humanos. São Paulo, Paulinas, 2001. pp. 11-30.

ARMSTRONG, Karen. *Em nome de Deus*; o fundamentalismo no judaísmo, no cristianismo e no islamismo. São Paulo, Companhia das Letras, 2001. pp. 312-402.

PACE, Enzo; STEFANI, Piero. *O fundamentalismo religioso contemporâneo*. Apelação, Paulus, 2002. pp. 105-122.

FUNDAMENTALISMOS EM CONFRONTO: ENTRE SI E PARA FORA DELES

OBJETIVOS

- Apresentar situações do mundo contemporâneo que só podem ser adequadamente compreendidas levando-se em conta a ação de grupos fundamentalistas e o choque entre eles.
- Compreender como a apropriação fundamentalista de veneráveis tradições religiosas tem contribuído para reforçar o impasse e a situação ameaçadora que vivemos em termos de diálogo entre as culturas e do enfrentamento de dilemas importantes dos dias de hoje.
- Verificar a manifestação de tendências fundamentalistas, especialmente cristãs, no Brasil.

SUBSÍDIOS PARA APROFUNDAMENTO

A persistência com que os monges-guerreiros das várias religiões procuram levar em frente seu projeto é uma virtude que se converte, bem depressa, em tirania.

Enzo Pace e Piero Stefani

O título do último capítulo deste livro remete diretamente a um trabalho altamente provocativo e desafiador, o *Confronto de fundamentalismos*, do escritor paquistanês Tariq Ali.[1] Queremos abordar, agora que nos encaminhamos para o final de nosso percurso, aquelas situações explosivas do mundo contemporâneo que não podem ser compreendidas sem que sejam consideradas as intervenções de grupos fundamentalistas distintos, mais ou menos, ou nada, disfarçados sob a capa de outros interesses, econômicos, políticos, sociais... Algo de que a consciência mundial adquiriu percepção, mesmo que enviesada, depois dos atentados às torres de Nova York e ao Pentágono, em Washington, em 11 de setembro de 2001. Foi aí que, efetivamente, o século XXI e o terceiro milênio se iniciaram: sob a égide de fundamentalismos cuja ação também se vê globalizada. O que se segue são alguns fragmentos ou cenas, apresentados e comentados, de um quadro amplo, complexo, problemático e desafiador para quem sonha e milita por "um outro mundo possível", lema do Fórum Social Mundial.

Hindus, muçulmanos e sikhs

Aqui a explosividade da situação já tem algumas longas décadas de existência, embora seja de pouco conhecimento entre nós. Sabe-se, em geral, que o líder pacifista hindu Mahatma Ghandi foi assassinado em conseqüência de sua luta por uma Índia livre e multirreligiosa, mas sabe-se bem menos das circunstâncias

---

[1] ALI, Tariq. *Confronto de fundamentalismos*; cruzadas, jihads e Modernidade. Rio de Janeiro, Record, 2002.

específicas desse atentado.[2] O quadro é complexo; o que se seguem são apenas suas linhas mais gerais.

Inicialmente a seguinte nota:

> O problema islâmico na Índia, que as autoridades coloniais inglesas minimizaram, se manifestou em toda a sua crueza no momento da independência: em 1947 o Paquistão ("país dos puros") se separou da Índia e se configurou como um Estado muçulmano do qual fugiram 4 milhões de hindus e ao qual acorreram 6 milhões de muçulmanos indianos. Em 1971, após uma violenta guerra, Bangladesh, o Paquistão oriental, se consolidou como Estado independente mas com uma minoria hindu destacada. Por sua parte, os muçulmanos que optaram por se manter na Índia, formando uma minoria numerosa, especialmente ao sul de Délhi e nas proximidades das fronteiras com o Paquistão e com Bangladesh, esporadicamente têm sofrido perseguições por parte de seus compatriotas hindus.[3]

Logo se vê, portanto, que os problemas envolvendo Índia e Paquistão, que por vezes ganham as manchetes ocidentais, não se devem apenas às disputas em torno da região da Caxemira ou ao fato de que ambos os Estados dispõem de arsenal atômico, ou ainda que o governo paquistanês tenha, nos últimos anos, feito o jogo dos interesses estadunidenses na região. Aliás, a Caxemira é foco de disputa entre os dois países também porque, embora pertencente à Índia, é de maioria muçulmana e abriga rebeldes muçulmanos que fogem para o Paquistão quando perseguidos

---

[2] Ver apêndice 5.

[3] Díez de Velasco, Francisco. *Hombres, ritos, dioses*; introducción a la historia de las religiones. Madrid, Trotta, 1995. p. 482.

pelas autoridades indianas. Mais recentemente, precisamente em 1992, o conflito entre os fundamentalismos hindu e muçulmano voltou a derramar muito sangue, quando centenas de milhares de hindus avançaram contra a mesquita de Ayodhya (que já tinha quase quinhentos anos) e a destruíram, matando cerca de dois mil muçulmanos, em nome da recuperação de um suposto templo anterior dedicado ao deus hindu Rama. A reação de grupos muçulmanos em vários cantos do país não se fez esperar, e alguns milhares de hindus foram mortos por conta disso, e não é mera coincidência que as relações diplomáticas entre Índia e Paquistão se tenham deteriorado mais depois da destruição da mesquita. Nos últimos anos têm ocorrido atentados de lado a lado e combates sangrentos, e nada faz prever um cessar das hostilidades, pois permanece forte o conceito de que "a *hinduidade* significa, por um lado, a afirmação da existência exclusiva da *nação* hindu e, por outro lado, a conseqüente rejeição da idéia de *Estado* indiano como nação multiétnica e miltirreligiosa".[4]

Tal noção surte efeitos também na relação entre a maioria de hindus e a minoria de *sikhs*. Esta, justamente por partilhar de uma visão semelhante, pleiteia a independência do estado em que são maioria, o estado do Punjab. Já há alguns séculos, em reação ao que entendiam serem ataques dos contingentes mais numerosos hindu e muçulmano, foi estabelecida entre os *sikhs* a *khalsa*, a comunidade dos puros, uma milícia encarregada da defesa da sua fé, com o sacrifício da vida se preciso. Uma ala mais radical desde o início dos anos 1980 vem rejeitando as tentativas

---

[4] PACE, Enzo; STEFANI, Piero. *O fundamentalismo religioso...*, p. 116.

de acordo entre as lideranças *sikhs* do Punjab e o governo central do país, e em 1982 declaram guerra a este. Uma das reações do governo indiano foi o ataque de sua polícia, em 1984, ao Templo de ouro de Amritsar, local tradicional da resistência *sikh*. O troco não demorou muito: guarda-costas da primeira-ministra indiana Indira Gandhi, todos *sikhs*, encarregaram-se de assassiná-la no mesmo ano. Tanto o cenário de uma Índia secular como o de uma Índia hindu soam ameaçadores aos *sikhs*, que por isso mesmo continuam a lutar, e não só por meios diplomáticos, pela criação de um país, o Khalistão. Além disso, e mais recentemente, a violência fundamentalista hindu se tem voltado também contra a ínfima minoria cristã existente na Índia, tendo sido noticiados seqüestros e eliminação física de padres católicos e pastores evangélicos, bem como explosões de igrejas.

Jerusalém: uma cidade, três religiões

Este é o título de uma entre tantas primorosas obras da ensaísta Karen Armstrong. É de suas páginas a seguinte constatação: "Cada vez mais israelenses começam a contemplar a possibilidade de partilhar a Cidade Santa [Jerusalém]. Infelizmente, a maioria dos que trabalham pela paz são seculares. Em ambos os lados do conflito a religião está se tornando cada vez mais belicosa".[5]

Também em Jerusalém o conflito que opõe judeus a palestinos muçulmanos tem como centro um lugar, que ao longo da

---

[5] ARMSTRONG, Karen. *Jerusalém*; uma cidade, três religiões. São Paulo, Companhia das Letras, 2000. p. 484.

história foi ocupado, em termos de construções sagradas, pelas duas tradições religiosas: com efeito, como já foi dito, no lugar em que hoje se encontra a Esplanada das Mesquitas existira, há mais de mil e novecentos anos, o templo judeu bíblico, o construído por Salomão, uma vez destruído e reconstruído, e outra vez arrasado, no ano 70 de nossa era. Se existem, como já assinalamos, grupos fundamentalistas judeus organizados com o objetivo de destruir as referidas mesquitas para reerguer uma vez mais seu templo sagrado, do lado muçulmano (palestino) há outros tantos dispostos a qualquer sacrifício e ação para impedir tal intento. Foi por saber do potencial explosivo dessa questão que o político israelense Ariel Sharon, no dia 28 de setembro de 2000, subiu a escadaria que dava acesso ao templo, num gesto calculado até nos detalhes, e que foi imediatamente percebido pelo outro lado: recomeçou a Intifada palestina, e Sharon tornou-se primeiro-ministro (cargo de que viria a se afastar apenas há pouco tempo, por motivos de doença). Antes Baruch Goldstein, fundamentalista israelense, matara com tiros de metralhadora cerca de cinqüenta muçulmanos palestinos que rezavam diante da tumba dos patriarcas (figuras ancestrais reverenciadas por ambas as tradições religiosas!), e no sentido contrário muitas ações, algumas delas envolvendo terroristas suicidas, têm contribuído para manter alta a temperatura do conflito, evidenciando que a disputa parece ser em torno do maior extremismo fundamentalista possível... O desaparecimento recente do lendário líder palestino Yasser Arafat, que nos últimos anos se convertera à negociação como estratégia mais adequada para chegar a um Estado palestino, é mais um ingrediente a fazer prever tempos dolorosos, especialmente para a gente palestina, na terra santa de judeus, muçulmanos e cristãos.

Mas e o cristianismo nesse conflito? Haverá aí participação de fundamentalismos desse matiz? Embora o envolvimento direto de grupos cristãos em Jerusalém e adjacências seja relativamente pequeno (até porque os cristãos são minoria), seria engano pensar que essa participação não exista, de algumas formas. Para verificarmos o vasto alcance das possibilidades, desloquemo-nos mais uma vez aos Estados Unidos, ao encontro dos líderes fundamentalistas que emergiram fortemente a partir do fim da década de 1970. E encontraremos declarações como a do pastor Ron Cantrell, a propósito das disputas sobre limites territoriais no Oriente Médio:

> Algumas fronteiras não foram criadas pelo homem, mas foram decretadas pelo céu. Estavam sob a areia e só era preciso limpá-las e restaurá-las como na antigüidade. A nação de Israel jazia tapada pelo pó islâmico, à espera do momento perfeito decidido por Deus. Quando o alento de seu espírito levou embora a areia, abriu-se um novo capítulo da história espiritual.[6]

Essa não é uma declaração isolada. Mary Barker relata ter tomado contato com um discurso de James Inhofe, senador por Oklahoma, que tinha como tema "Sete razões pelas que Israel tem direito à terra". Comenta Barker: "Em outras palavras, [isso quer tratar de] por que os judeus merecem ser donos das terras

---

[6] Citado em: BARKER, Mary. El fundamentalismo cristiano y su influencia en la política de Estados Unidos en Oriente Próximo. In: http://www.rebelion.org/imperio/031031barker.htm (16/04/08).

e os palestinos não. Junto a argumentos pseudo-intelectuais relacionados com provas arqueológicas, históricas e similares (que certamente equivaleriam a justificar a devolução dos Estados Unidos aos índios americanos), Inhofe concluiu com a razão número sete: 'Porque Deus assim o disse'". Assim, não estranha que Jerry Falwell, que já encontramos como fundador da *Moral Majority*, tenha sustentado que os acordos firmados pelo governo de Yitzak Rabin com os palestinos (conhecidos como "Tratado de Oslo") não fossem apenas um erro, mas um pecado, avaliação certamente não muito distinta daquela que motivou o atirador que haveria de assassinar o líder israelense.

Referências mais específicas apontam para o Monte do Templo, em Jerusalém, e para a necessidade de reconstruir "o Terceiro Templo, descrito pelo profeta Ezequiel, antes do regresso do Messias".[7] Para aqueles setores convictos da iminência do fim dos tempos, a "grande tribulação", momento da luta entre Cristo e Satanás, tendo Israel como palco, será quando as profecias da Escritura se verão cumpridas. E um dos marcos será exatamente a destruição das mesquitas centrais de Jerusalém e a reconstrução do templo judeu.[8]

Onde está o mal?

Mas são certamente as manifestações, de lado a lado, ouvidas depois dos atentados de 11 de setembro de 2001 que dão uma

[7] Página do Centro Internacional do Sionismo Cristiano, segundo BARKER. El fundamentalismo cristiano...

[8] Veja Apêndice 6.

percepção mais aguçada das leituras fundamentalistas (e não só leituras!) do momento presente e o choque entre elas. Vejamos, primeiramente, como se pronunciou Jerry Falwell, dois dias após os ataques:

> Eu creio que os pagãos, os abortistas, os feministas e os homossexuais que estão ativamente tratando de fazer de suas práticas um estilo de vida alternativo, além dos membros da União de Liberdades Civis da América (ACLU), do "People For the American Way", e todos aqueles que trataram de secularizar os Estados Unidos, eu os aponto claramente e lhes digo que eles ajudaram a que tudo isso acontecesse [...]. Tendo expulsado Deus do espaço público e havendo expulsado Deus de nossas escolas públicas, os abortistas têm de arcar com uma parte da carga, porque Deus não será enganado. Eu creio, como teólogo que sou, baseado em muitíssimas Escrituras, a ACLU e outras organizações tentaram secularizar os Estados Unidos e alteraram a relação desta nação com Cristo, em quem fomos fundados. Eu creio que eles criaram um ambiente pelo qual Deus permitiu que o véu de sua proteção seja levantado.[9]

A oração de Pat Robertson assume o mesmo tom:

> Pecamos contra o Deus todo-poderoso nos estratos mais altos de nosso governo, cuspimos-te na tua cara. A Suprema Corte te insultou uma e outra vez. Senhor, expulsaram tua Palavra das escolas. Proibiram que as crianças pudessem elevar uma prece antes de fazer um exame, sempre e quando estejam no terreno do estado. Expulsaram

[9] In: http://antesdelfin.com/fundamentalismo.html (02/04/04). A citação seguinte provém desta mesma página.

> tudo o que tem a ver contigo da melhor forma que puderam e várias organizações vieram às cortes solicitar que se proíba o conhecimento de Deus na arena pública dos Estados Unidos. Perdoa-nos!

Note-se que tanto Falwell como Robertson fizeram, nesses pronunciamentos, uma leitura dos atentados que os vinculava ao processo político-cultural vivido pela nação estadunidense. Os responsáveis pela tragédia foram os próprios movimentos secularizantes internos à vida do país, contra o que os fundamentalistas têm lutado desde o início do século passado, como pudemos verificar. Mas não demorou muito para que, de forma aparentemente contraditória, a responsabilidade fosse transferida para os sequazes de uma religião fundada por um "pedófilo possuído pelo demônio".[10] Por sua vez, Jerry Falwell denominou Mohammed, pura e simplesmente, "terrorista". Na verdade, não se trata de contradição: para os grupos fundamentalistas o combate ao inimigo externo (uma religião deplorável) era parte integrante e indispensável do esforço por afirmar a nação estadunidense no cenário mundial, e os valores que ela deve encarnar e difundir ao mundo. A identificação entre islamismo e promoção da violência será explorada à saciedade; ao justificar a chamada "guerra ao terrorismo" de George W. Bush, Robertson tratou de garantir a seu público que "todos [os terroristas] são de confissão muçulmana, todos e cada um deles".[11] Para Franklin Graham, filho de Billy Graham, um dos mais importantes pregadores evangélicos

---

[10] Expressão de Jerry Vines, ex-presidente da Convenção Batista do Sul, a respeito de Mohammed.

[11] Citado em: BARKER, El fundamentalismo cristiano y su influencia en la política de Estados Unidos en Oriente Próximo. Também aí se encontra a caracterização, feita

dos últimos tempos nos Estados Unidos, "o Deus do islã não é nosso Deus, e o islã é uma religião muito maléfica e perversa".[12] Os impropérios vindos de setores do mundo muçulmano não são de menor gravidade e violência; vejamos como se expressa Osama Bin Laden, identificando também inimigos no plano interno e externo ao islamismo:

> Dirijo-me agora aos meus irmãos das forças militares e de segurança e às guardas nacionais — que Deus as proteja! [...] Vocês que concorreram para se unir ao exército com a intenção de combater a guerra santa em nome de Deus para defender a fé do islamismo e a terra dos dois lugares santos! [...] O regime [saudita] derrubou esses princípios e seu significado, humilhando o povo muçulmano e desobedecendo a Deus [...]. O regime é plenamente responsável por aquilo que aconteceu ao país e à nação, e o ocupante americano é a primeira e maior causa dessa situação. Portanto, os esforços devem ser concentrados para destruir, combater e matar o inimigo até que, por graça de Deus, será completamente derrotado.[13]

O texto intitula-se "Declaração de guerra contra os americanos que ocuparam a terra dos dois lugares santos" e refere-se imediatamente ao fato de os Estados Unidos terem utilizado a Arábia Saudita como base para suas operações militares contra o Iraque

---

por um general do Pentágono, William G. Boykin, da guerra contra o terrorismo como uma "batalha contra Satanás".

[12] Citado em: WARDE, Ibrahim. A sagrada aliança da ultradireita. In: http://diplo.uol.com.br/imprima430 (21/04/08). Franklin Graham foi o responsável por conduzir as preces quando da posse do presidente George W. Bush.

[13] Citado em: TESSORE, Dag. *A mística da guerra*; espiritualidade das armas no cristianismo e no islã. São Paulo, Nova Alexandria, 2007. p. 119.

na guerra de 1991, e de lá não terem saído após ela, descumprindo acordos firmados anteriormente. Os dois lugares santos mencionados no título e no texto de Bin Laden são Meca e Medina. Esse texto é de 1996, anterior, portanto, aos atentados.

Com isso chegamos ao momento presente, marcado pelo choque de fundamentalismos em que se misturam as disputas pela terra santa de judeus, cristãos e muçulmanos, a guerra de terror contra terror, atentados sangrentos e charges ofensivas a símbolos religiosos, palavras e manifestações (intencionalmente dúbias ou não) sobre o potencial violento do outro (nunca sobre o potencial próprio!), um quadro que permitiu ao presidente George W. Bush, certamente o grande responsável pelo maior número de mortes inocentes deste milênio que se inicia, dirigir-se ao Papa Bento XVI, na sua recente visita aos Estados Unidos, nos seguintes termos, surpreendentes a quem minimamente acompanha os noticiários:

> A cada dia, em todo o mundo, os Estados Unidos trabalham para erradicar a doença, aliviar a pobreza, promover a paz e trazer a luz da esperança a lugares ainda afundados na escuridão da tirania e do desespero. Aqui nos Estados Unidos, o senhor encontrará uma nação que recebe positivamente o papel público da fé [...]. Em nossa nação, fé e razão coexistem em harmonia [...]. Em um mundo no qual alguns invocam o nome de Deus para justificar atos de terrorismo, homicídio e ódio, precisamos de sua mensagem de que Deus é amor. E aceitar esse amor é a maneira mais segura de impedir que homens caiam vítimas dos ensinamentos do fanatismo e do terrorismo.[14]

---

[14] In: http://www1.folha.uol.com.br/folha/mundo/ult94u392907.shtml (20/04/08).

Efetivamente, é preciso recordar, já como parte de sua reação aos atentados, que Bush afirmara estar entrando numa cruzada, e dessa convicção derivou a aberração da "guerra preventiva". Bin Laden, pelo contrário, não disfarça seu entendimento da *jihad*... De toda forma, é preciso não esquecer os males advindos da ação imperialista estadunidense, que já vêm de décadas: os atuais inimigos que Bush identifica foram, praticamente todos, financiados por dólares vindos diretamente dos antecessores dele: estrategistas do Partido Republicano liderados por Dick Cheney e Donald Rumsfeld (que haveriam de ser, respectivamente, vice-presidente e secretário de defesa do governo Bush II), atuantes desde a década de 1970 nos governos Ford e Reagan, desenvolveram a política de identificar inimigos e financiar seus opositores. Assim forneceram dinheiro e armas a Saddam Hussein para combater os xiitas do Irã. Deram dinheiro aos futuros talibãs para que combatessem a então União Soviética que invadira o Afeganistão. Dinheiro aos sauditas nunca faltou. Desse dinheiro vindo do Ocidente nasceu a al-Qaeda. E é preciso não esquecer o ouro negro subjacente a tanto interesse: o petróleo...

Os últimos acontecimentos a ganharem as manchetes dos jornais, dos noticiários televisivos e da rede mundial de computadores não têm sido dos mais animadores. Charges depreciativas do profeta Mohammed ganham os jornais e se espalham feito pólvora pela rede mundial de computadores, suscitando todo tipo de reação e ameaças. Extremistas islâmicos seqüestram um bispo católico no Iraque; a forma como veio ele a morrer ainda não foi esclarecida. Missionários evangélicos chegados ao Iraque com as tropas estadunidenses e britânicas são assassinados: o proselitismo praticado na esteira dos caminhos abertos pelas bombas sofre a mesma reação endereçada aos exércitos invasores.[15] Uma religiosa católica paga com a vida por conta do discurso de Bento XVI numa universidade alemã, entendido como uma afirmação de que o islã seria intrinsecamente violento. Terroristas palestinos e das imediações continuam a justificar seus atos insanos com a brutal política de Israel, que, em nome da contenção dos inúmeros atentados, acabou por ter na construção de um muro separando judeus de palestinos (mas, efetivamente, confinando palestinos) sua expressão mais visível e deplorável. Filmes como *Fitna* ou *Assassinos suicidas*, apontando o islã como visceralmente violento, se de um lado são expressões claras de xenofobia européia, por outro contribuem para reforçar o estereótipo de que eles, sempre e só eles, os islâmicos, é que são os maus. Denunciar as suras encontradas no Alcorão a solicitar a prática da violência sem considerar as contrapartidas encontradas na Bíblia judaico-cristã (ou em suas interpretações) só aparentemente presta serviço. A história do cristianismo, do judaísmo e do islã está farta de momentos de convivência respeitosa e de intolerância. Mas os atentados perpetrados por extremistas hindus contra muçulmanos, e vice-versa, na Índia, entre outros acontecimentos têm mostrado que as posturas fundamentalistas não são patrimônio das religiões oriundas do Oriente Médio.

[15] Efetivamente a imprensa veio noticiando que um segundo exército preparava-se, já desde 2003, ano da invasão do Iraque, para fazer-se presente no país. Sob o pretexto da ajuda humanitária, o objetivo claro era o de converter iraquianos à fé cristã. Um dos líderes dessa investida foi o já citado Franklin Graham.

Infelizmente a "espiritualidade da guerra" tem sido "uma herança comum de quase todas as culturas e religiões".[16] E os fundamentalismos de todos os matizes têm bebido dessa espiritualidade para combater seus inimigos.

Fundamentalismos no Brasil

Não poderíamos terminar nossa exposição sem uma referência, mesmo que breve, a expressões fundamentalistas no Brasil. À primeira vista isso pode surpreender, já que fomos acostumados a pensar em nosso país como o lugar da tolerância, do respeito ao outro, do "jeitinho". Isso levaria a supor que aqui, "debaixo do Equador", não seria lugar propício à eclosão e ao enraizamento de fundamentalismos. Infelizmente não é esse o caso. Nem corresponde à imagem que fazemos de nossa história e sociedade o quadro de violências, de variados matizes, que nos vêm marcando há séculos, nem nosso caleidoscópio religioso é isento de expressões fundamentalistas. Como o cristianismo, a despeito de várias mutações no panorama religioso brasileiro,[17] continua a ser a tradição predominante, tomamos a liberdade de nos ater a ele nas linhas seguintes.

O processo de imposição do catolicismo nessas terras, confundido com a história da colonização portuguesa, tornando-o a religião hegemônica no Brasil, não se fez sem o esforço de

---

[16] Tessore, *A mística da guerra...*, p. 15.

[17] Para rápida apresentação deste quadro, pode-se ler: Vasconcellos, Pedro Lima; Silva, Rafael Rodrigues da. A religião no Brasil. In: O'Brien, Joanne; Palmer, Martin. *O atlas das religiões*. São Paulo, Publifolha, 2008. pp. 91-92.

desqualificar e mesmo eliminar as expressões religiosas outras, como as indígenas e as de matriz africana. Esse empenho está na matriz de expressões que podemos aproximar do que viemos percebendo como manifestações fundamentalistas. A luta por garantir a ilegitimidade de outras expressões religiosas esteve ligada à defesa do regime monárquico, ideário que marcou, por filtros complexos, expressões religiosas populares como os movimentos de Belo Monte (Canudos) e Contestado. Mas o pragmatismo que marcará os fundamentalismos do século XX já se fará mostrar aí: em vistas a não perder as benesses usufruídas no antigo regime, a hierarquia eclesiástica católica não temerá aliar-se aos governos republicanos para debelar esses grupos dissidentes.

O temor ao comunismo já fora invocado no combate a essas expressões populares. A ele alia-se o temor de que a República, proclamada por liberais, na sua maioria positivistas, ao introduzir a liberdade de culto no país viesse a comprometer o lugar historicamente ocupado pela Igreja Católica no Brasil. Os debates acalorados com grupos protestantes, especialmente presbiterianos, batistas e metodistas, ocorridos na primeira metade do século XX, situam-se neste cenário, bem como a continuidade do processo de desqualificação das expressões religiosas de matriz indígena ou africana ou a alguma delas mesclada.

Mas talvez seja nos inícios da década de 1960 que tenhamos claramente uma expressão religiosa a merecer claramente o qualificativo "fundamentalista". Estamos nos referindo à criação da "Sociedade brasileira em defesa da tradição, família e propriedade" (mais conhecida pela sigla TFP), entidade que se colocou ao mesmo tempo contra os avanços sociais demandados por setores significativos da sociedade brasileira de então (movimentos operários, camponeses, estudantis) e contra as tendências modernizantes vividas na Igreja Católica com o Concílio Vaticano II. Ao mesmo tempo lutando contra o que identificavam como evidências de comunismo tanto no mundo sociopolítico como nos espaços eclesiais envolvidos com as lutas sociais e inspirados pela Teologia da Libertação, a TFP e suas derivações ou dissidências, como os "Arautos do Evangelho", aliadas a grupos como os "padres de Campos" (no estado do Rio de Janeiro), que se recusaram a assumir as modificações, litúrgicas e de outra ordem, emanadas do Concílio Vaticano II, vêm oferecendo facetas fundamentalistas do catolicismo brasileiro que, embora pouco expressivas em termos numéricos, fazem-se presentes na cena nacional pelo seu poder de articulação e pelos vínculos importantes com setores da elite econômica nacional. A própria Renovação Carismática Católica, que num primeiro momento não merecia a simpatia dos fundamentalistas (da mesma forma que os pentecostais não eram bem vistos pelos fundamentalistas estadunidenses!), com o tempo veio acabar por servir aos propósitos restauracionistas vindos do próprio Vaticano. Este, de um lado há alguns anos legitimou a dissidência dos "padres de Campos", reconhecendo uma entidade católica com bispo próprio, dispensada, portanto, de se vincular ao bispo diocesano da mesma cidade; de outro, tem buscado fortemente conter as articulações dos setores comprometidos com causas como a reforma agrária, os direitos da classe trabalhadora e a participação popular na política, tidas como alheias à tarefa evangelizadora.[18] Nesse cenário os fundamentalismos católicos brasileiros se têm sentido muito à vontade.

Por fim, destaquemos que algumas expressões do pentecostalismo, tornadas mais visíveis pelo uso massivo de meios de comunicação, têm assumido a bandeira, típica dos fundamentalismos que viemos encontrando, de desqualificar e mesmo demonizar outras expressões religiosas. Se por vezes o alvo têm sido símbolos religiosos católicos, as religiões afro-brasileiras, como o candomblé e a umbanda, vêm sendo os alvos preferenciais. Movimentos nesse sentido têm ultrapassado a *performance* televisiva para ganhar as ruas: agressões a pais e mães-de-santo têm ocorrido, aqui e ali. Enfrentamento com grupos homossexuais também têm sido noticiados.

QUESTÕES

1) Como você avalia a conjuntura mundial considerando os choques de fundamentalismos que nela se fazem notar?
2) Você identifica tendências fundamentalistas no meio em que vive? Como lida com elas?
3) Que estratégias pedagógicas podem ser desenvolvidas para uma tomada de consciência dos desafios que os fundamentalismos colocam ao mundo de hoje?

---

[18] É curioso, no entanto, verificar como um grupo de tendências fundamentalistas como o "Toca de Assis" se situa "exatamente no outro extremo social", com sua proposta de despojamento e assistencialismo junto à população moradora de rua e aos doentes (cf. CARRANZA, Brenda. O Brasil, fundamentalista? *Vida pastoral*, São Paulo, 2008, n. 258, pp. 11-21; a citação é da p. 18).

BIBLIOGRAFIA SUGERIDA

ALI, Tariq. *Confronto de fundamentalismos*; cruzadas, jihads e Modernidade. Rio de Janeiro, Record, 2002. pp. 219-433.

CARRANZA, Brenda. O Brasil, fundamentalista? *Vida pastoral*, São Paulo, 2008, n. 258, pp. 11-21.

STAM, Juan. El lenguaje religioso de George W. Bush: análisis semántico y teológico. In: http://www.puertachile.cl/frames.htm?http://www.puertachile.cl/sociedad/2004_confesion_bush.htm (20/04/08).

CONSIDERAÇÕES FINAIS

Quem começa a ler o Gênesis como algo
cientificamente válido obtém ciência ruim e religião ruim.
Karen Armstrong

Ao chegarmos ao término deste percurso, nem de longe pretendemos ter esgotado o assunto, como dissemos ao início. Até porque, como acabamos de verificar nas páginas anteriores, o fenômeno do fundamentalismo se mostra de inquietante atualidade, e novos lances podem vir a confirmar observações que viemos fazendo ou problematizá-las. O que propomos, neste momento, é um olhar retrospectivo e panorâmico sobre o que foi exposto, desenvolvido rapidamente nos tópicos a seguir.

Mal-estar na Modernidade

Em todos os lugares onde aportou, a Modernidade científico-capitalista impôs-se com a perspectiva de propiciar progresso, bem-estar generalizado, qualidade de vida. Os tempos do obscurantismo e das crendices tinham ficado definitivamente para trás. O triunfo do indivíduo e suas demandas seria absoluto. Essas promessas não só não se cumpriram, na universalidade em que foram feitas, como suscitaram novos problemas, principalmente pela forma violenta com que desancou o passado, as tradições, autonomizando as diversas dimensões da vida individual e coletiva de referências éticas e transcendentes, e absolutizando o tempo presente e suas conquistas. As questões referentes ao sentido da vida resolvem-se no cartão de crédito, ou na clínica, isso para quem pode...

Diante desse quadro, os fundamentalismos de todos os matizes colocam o foco num tempo outro, o eterno ou do além, fonte de valores e verdades incondicionais, absolutos, especificados num livro ou num momento idealizado da história religiosa (com suas devidas interpretações). Tal referência relativiza aquilo que a Modernidade tem ensinado a absolutizar. Perante o indivíduo emancipado, emergido do Iluminismo do século XVIII, ideário só acessível às elites burguesas, mas não às massas de empobrecidos, os fundamentalismos ressaltam a falibilidade e a maldade intrínsecas ao ser humano (mesmo quando tendem a verificá-las mais nos outros que em si próprios). Diante da "privatização" da religião e da ética operada pela Modernidade e a oferta do *laissez-faire* na política e na economia, os fundamentalismos pretendem reintroduzir o divino nesses âmbitos, mesmo que seus referenciais para tanto sejam absolutizados e, com isso, tendam ao autoritarismo.

Pode-se assim perceber que os fundamentalismos tocam em feridas importantes criadas pela Modernidade, e que só se têm agravado com o andar do tempo. Como diz Moltmann, "as catástrofes do mundo moderno mostraram a muitas pessoas que há algo de errado com este mundo [...]; faz sentido tomar a sério o fundamentalismo, não apenas em seu caráter de 'oposição', mas também como categoria específica".[1]

---

[1] MOLTMANN, Jürgen. Fundamentalismo e Modernidade. *Concilium*, Petrópolis, 1992, n. 241, pp. 141-148 (a citação é da p. 147).

"Revanche de Deus"?

Dos tópicos comentados anteriormente, certamente aquele do qual os fundamentalismos mais se ressentem é o da retirada do divino da cena pública, e mesmo da intimidade das pessoas. Mesmo nos países de maiorias declaradamente muçulmanas, os processos de secularização avançam fortemente. Os fundamentalismos reagem a isso, mesmo se muitas vezes não se dão conta de que a própria fé que professam já se metamorfoseou por conta do pragmatismo e imediatismo modernos que, a despeito de condenados, são entusiasticamente assumidos.

Digamos de outra forma: para esses grupos, a reproposição da religião na cena pública soa como revanche contra sociedades e culturas que a minimizaram e ignoraram. Para eles, seus movimentos têm um claro tom de revanche, revanche do divino que, expulso das instâncias que lhe competiam por direito, retorna e se impõe, mesmo que violentamente. O que muitas vezes não se percebe é que, na oportunidade do que é visto como seu retorno, o divino encontra mentes e corações já comprometidos com valores e ideais muito pouco religiosos, associados a interesses imediatos, políticos ou de outra ordem, definidos pragmaticamente. Isso pode ser visualizado facilmente na forma como os fundamentalismos estadunidenses contemporâneos aparecem claramente alinhados aos interesses do imperialismo, mas também é notado por quem, indo além das aparências, descobre "desislamização" nas expressões mais evidentes de adesão à fé muçulmana. É o que constata, por exemplo, Muhammad Talbi, nas sociedades islâmicas contemporâneas, onde se continua "a circuncidar os meninos, a recitar a *Fatiha* para benzer os casamentos ou as sepulturas. Mas o coração não existe mais". Mesmo a *jihad*, vista pelos ocidentais como expressão de fanatismo religioso, não é mais resultado de "uma adesão individual à fé, mas [d]o fato de pertencer a uma etnia". Assim, ainda nos termos precisos do intelectual tunisiano,

> o islamismo do abandono confiante nas mãos do Senhor e o Ocidente da fé — hebraica ou cristã — se encontram diante do mesmo desafio: a amputação da parte espiritual do homem, o qual, priorizando a Árvore da vida terrena, não consegue conceber a vida em outro lugar que não sob sua efêmera sombra.[2]

Os fundamentalismos de variadas matrizes, em sua intransigência e absolutização de particularidades históricas, acabam por fazer parte e fortalecer o "mundo sem coração" que Marx, numa formulação célebre, denunciou como nascedouro da religião, que dele é ao mesmo tempo expressão e protesto. Faz muita diferença querer a volta da fé à política tendo como parâmetros o império ou o sermão da montanha, para usar os termos cristãos de Moltmann: "Não é preciso querer voltar ao Estado confessional, religiosamente homogêneo e totalitário, para lamentar o descomprometimento do compromisso religioso na sociedade moderna. Mesmo lá onde se combatem [fundamentalistas e teólogos políticos, por exemplo], há paralelos evidentes [...]. A oposição às contradições do mundo moderno os une".[3]

---

[2] Todas as citações de Muhammad Talbi foram recolhidas de: TESSORE, Dag. *A mística da guerra...*, p. 104.

[3] MOLTMANN, Fundamentalismo e Modernidade..., p. 148.

Imperativo do respeito e do diálogo, e espiritualidade da compaixão

Esse último tópico das nossas observações conclusivas traz dois depoimentos, indicadores de um caminho trilhado a duras penas por gente como Gandhi, João XXIII, Martin Luther King, Rigoberta Menchú, Dalai Lama, entre outros, às vezes com o preço da própria vida. O tema que desenvolvemos não permite apenas ser apresentado. Tudo o que expusemos tem por base uma aposta, que será preciso explicitar.

Há alguns anos atrás, quando das pesquisas em vistas à confecção de nossa tese de doutorado, travamos um rápido diálogo com um ancião, o sr. João de Régis, no sertão de Canudos (nordeste da Bahia), testemunha dramática dos eventos da guerra conhecida com o nome da vila que Antonio Conselheiro batizara como Belo Monte. Filho de gente que viveu e lutou pelo arraial conselheirista, quando interrogado sobre as razões que atribuía à terrível guerra, respondeu, num misto de sabedoria, experiência e sagrada ingenuidade: "Faltou só um pouco mais de conversa...".

No contexto dos quinhentos anos de chegada dos portugueses ao Brasil, o então presidente do CIMI (Conselho Indigenista Missionário), Dom Aparecido José Dias, era interrogado, em entrevista transmitida pela televisão, sobre o sentido das missões indígenas, tendo em vista os enormes prejuízos trazidos pela colonização branca e pela missão religiosa a ela associada. O bispo não teve medo de assumir a crítica, garantindo que o sentido e as estratégias das missões atuais, ao menos aquelas que se pautavam pelos ideais apregoados pela entidade que presidia, eram outros. Perguntado sobre quais seriam eles, respondeu, com sua sabedoria cabocla, algo como: "O que queremos é estar no meio dos índios, conhecendo-os, convivendo com eles, apoiando-os e inclusive ajudando-os na defesa contra as ameaças brancas que continuam a desabar sobre eles. Se eles nos vierem perguntar por que fazemos isso, aí nos sentiremos com a liberdade de apresentá-los nossa motivação maior: o Evangelho. E não será uma eventual rejeição deste que nos fará abdicar de nossos compromissos com a causa deles".

Para enfrentar o que os fundamentalismos parecem ter de mais censurável, o seu unilateralismo e certeza de posse, exclusiva e absoluta, da verdade, um caminho que se tem procurado desenvolver é o do cultivo dos valores estabelecidos naquela época que o filósofo Karl Jaspers denominou a "Era axial". Na síntese de Karen Armstrong, "para os sábios axiais, não existe nada mais importante que a renúncia ao egoísmo e a espiritualidade da compaixão". E esta não pode restringir-se a um grupo particular, cultural, étnico ou religioso; "temos de cultivar o que os budistas chamam de visão 'imensurável', que se estende aos confins da terra, sem excluir da sua preocupação uma única criatura".[4] Aqui na América Latina, no interior da tradição cristã, chamaram isso de opção pelos pobres... Ideário romântico, dirá alguém, principalmente num cenário em que os extremismos se têm exacerbado e alimentado mutuamente, mas indispensável a quem deseje que as religiões, todas e cada uma, deixem de

---

[4] ARMSTRONG, Karen. *A grande transformação*; o mundo na época de Buda, Confúcio e Jeremias. São Paulo, Companhia das Letras, 2008. pp. 413, 419.

figurar como participantes de muitas das mais sinistras situações pelas quais o mundo já passou, e infelizmente vem passando, nos últimos tempos.

Nessa perspectiva, o fenômeno fundamentalista se mostra, ao mesmo tempo, como sintoma e preocupação. Sintoma de que muita coisa vai mal em relação às promessas que a Modernidade globalizada fez, a modos como algumas delas foram impostas e às tantas não cumpridas. Preocupação no sentido de que as soluções para os impasses em que a humanidade e o planeta se encontram parecem estar sendo buscadas mais no recurso às seguranças exclusivas e excludentes, e menos no diálogo e no respeito às alteridades, sempre mais desafiadores.

APÊNDICES

Modernidade e fundamentalismo

É preciso não considerar a realidade sociocultural que denominamos Modernidade apenas no plano das idéias e concepções (hegemonia da ciência, crítica à centralidade social da religião), e mesmo no campo sociopolítico (formação dos Estados absolutos, autonomização do poder político diante do religioso, processos de colonização). Cabe considerar que a Modernidade que se impõe no Ocidente é a Modernidade capitalista. E se entendemos, com Max Weber, que capitalismo não é apenas um conjunto de concepções e práticas alocadas no campo da economia, mas antes e além de tudo uma "cultura", será necessário pensar em que termos se dá essa relação de acolhida e rejeição, da parte dos fundamentalismos, de elementos dessa Modernidade capitalista.

Relação entre Bíblia e Magistério no âmbito católico

Um episódio talvez ilustre a substituição, no contexto católico, do texto sagrado por um momento da tradição eclesiástica. No âmbito das reformas oriundas do Concílio de Trento (sim, também aí houve reformas!) surgiu a decisão de rever a tradução da Bíblia ao latim, feita um milênio antes por São Jerônimo, e que a essa altura já se encontrava bastante comprometida por conta dos milhares de manuscritos que não concordavam entre si, sendo inclusive atacada pelos grupos da Reforma Protestante, que estavam providenciando traduções do texto sagrado feitas a partir das línguas em que seus livros foram originalmente produzidos. O curioso foi que, a certa altura do processo, em 1588, o Papa Sisto V tomou para si a decisão de definir, em situações em que os manuscritos disponíveis comportassem divergências de maior densidade, que contornos o texto deveria assumir, e o critério para tal definição foi: "Entre as diversas leituras possíveis", deveria ser preferida "a que melhor corresponde à verdade ortodoxa". Como nota González Faus, dessa forma, "não é 'a verdade ortodoxa' que tem de ser obediente ao texto bíblico; é este que deve se acomodar à verdade ortodoxa".[1] O próprio texto sagrado se vê subordinado a uma configuração doutrinária que se pretende derivada dele, e sua interpretação fiel.

Sobre o "integrismo" espanhol do século XIX

Em 1884 o padre espanhol Félix Sardá y Salvany publicou *O liberalismo é pecado*, livreto em que expunha sua visão da sociedade de seu tempo como um perigo para a Igreja e convocava a confrontá-la em nome da fé, da integridade dos dogmas e dos costumes tradicionais. Ele defende a "suprema intransigência católica" como "a caridade católica suprema". Isso porque es-

---

[1] GONZÁLEZ FAUS, José Ignacio. *A autoridade da verdade*; momentos obscuros do Magistério eclesiástico. São Paulo, Loyola, 1998. pp. 97-102; citações na p. 98.

tamos em guerra: "Depois do pecado original, o estado natural do homem sobre a terra é o estado de guerra. Guerra é o que o cristão há de enfrentar consigo mesmo para ser bom".[2] A Igreja está sendo atacada pela Revolução liberal (expressa na anarquia, maçonaria, subjetivismo), e é dever do católico reagir contra

> a absoluta soberania do indivíduo com inteira independência de Deus e de sua autoridade; a soberania da sociedade com absoluta independência do que não nasça dela mesma; soberania nacional, isto é, o direito do povo para legislar e governar com absoluta independência de todo critério que não seja o de sua própria vontade, expressa primeiramente pelo sufrágio e depois pela maioria parlamentar; liberdade de pensamento sem limitação alguma em política, moral ou religião; liberdade de imprensa, igualmente absoluta ou insuficientemente limitada [...]. Estes são os chamados princípios liberais em seu mais cruel radicalismo.[3]

Já que o contexto é de guerra, é preciso convencer-se de que é possível "amar e querer bem ao próximo desagradando-o e contrariando-o, e prejudicando-o materialmente, e ainda privando-o da vida em alguma ocasião específica". Deve-se agir em relação ao próximo

> mesmo que ele sofra, ainda que se queixe de minha falta de caridade, ainda que fiquem comprometidos seus interesses, ainda que por minha tenaz oposição chegasse a adoentar-se, ainda que de puro irritado

---

[2] Citado em: http://www.opuslibros.org/nuevaweb/modules.php?name=News&file=article&sid=4109 (5/04/08).

[3] Citado em: http://opuslibros.org/nuevaweb/modules.php?name=News&file=article&sid=3897 (5/04/08).

> perdesse a vida. Sim, senhor; e em tudo isto que eu ocasionasse, não por ódio ao homem, mas na justa defesa da verdade por ele atacada, e de meus irmãos por ele seduzidos, não haveria falta alguma contra a caridade, mas ato de excelentíssima caridade.[4]

Não estranha, portanto, encontrar uma apologia entusiasmada da Inquisição nos escritos do Pe. Sardá y Salvany, considerado um dos líderes do movimento católico que a seu tempo foi conhecido com o nome "integrismo", com marcada influência na sociedade e política espanholas.[5]

Sunismo e xiismo na religião muçulmana

Essa distinção é fundamental, e tem sua base nos conflitos ocorridos a partir da morte do profeta Mohammed, em 632. Existem outros ramos, dissidências no interior dessas duas grandes tradições: os sunitas e os xiitas; fixamo-nos nestas. Na síntese de Jean Delumeau e Sabine Melchior-Bonnet, a sucessão de Mohammed

> provocou, no início, conflitos sangrentos. Em trinta anos, três "califas" (que significa sucessor do Profeta) foram assassinados. Em 660, finalmente se instala o califado dos omíadas, descendentes de Omar, um dos companheiros do profeta. Contudo, esse califado não

[4] Citado em: http://www.opuslibros.org/nuevaweb/modules.php?name=News&file=article&sid=4109 (5/04/08).

[5] Os três primeiros capítulos do livro *O liberalismo é pecado*, do Pe. Sardá y Salvany, podem ser lidos no endereço eletrônico http://www.permanencia.org.br/revista/politica/liberalismo.htm (6/04/08).

foi reconhecido pelos descendentes de Ali, genro de Maomé, que criaram a dissidência xiita.[6]

Como se pode ver, a divisão tem na disputa pelo poder um componente inegável. Mas não se perca de vista a significação religiosa do conflito: o que denunciavam ser a fixação xiita na personalidade de Ali, tomado como imã (ou seja, o que está à frente durante a oração comunitária), soava, à impressão dos demais, como desvio do essencial:

> A direção dos muçulmanos não deveria assentar na hereditariedade do Profeta, precisamente porque deveria assentar na sua herança [...]. Ora, a sua herança é o Alcorão, cujo texto lhe foi revelado, e o conjunto de suas afirmações, os *hadith*, alargado ao conjunto de seus comportamentos, a *Sunna* – e daí o nome de "sunitas".[7]

Ali e seus filhos Hassan e Hussein, todos eles assassinados, são tidos pelos xiitas como os três primeiros imãs, que desencadeariam genealogia decisiva para a consolidação do xiismo. As implicações, tanto no nível teológico como no político-histórico, são marcantes: para o sunita sua fé, bem como as normas que deve obedecer, já estão definidas, no Alcorão e na *Sunna*, enquanto os xiitas reverenciam a autoridade e as palavras do imã atual. Além disso, aguardam o retorno do imã escondido, o *mahdi*, o décimo segundo imã, desaparecido em 874 mas considerado vivo pelos xiitas (uma dissidência menor aguarda o mesmo, mas em relação

---

[6] DELUMEAU, Jean; MELCHIOR-BONNET, Sabine. *De religiões e de homens*. São Paulo, Loyola, 2000. p. 149.

[7] GUELLOUZ, Azzedine. O islão. In: DELUMEAU, Jean (org.). *As grandes religiões do mundo*. 3. ed., Lisboa, Presença, 2002. p. 276.

ao sétimo imã). Ruhollah Khomeyni, o líder da República Islâmica do Irã que surgiu a partir de 1979, abdicou do título de imã, que seus seguidores continuaram a lhe atribuir, preferindo ser identificado como *ayatollah* (sinal de Deus). Mas, na hierarquia religiosa, ele era tido como *naib-el-imam* (representante do imã [escondido]).[8]

Gandhi e o fundamentalismo hindu

Mohandas Karamchand Gandhi, conhecido como "Mahatma" (A Grande Alma), foi assassinado por um membro do partido RSS, "Rashtriya Swayamsevak Sang" (que significa "Associação dos voluntários nacionais"). Tal partido acentua "em sentido nacionalista a originária ideologia religiosa" do movimento de Dayananda Sarasvati, líder do século XIX que pretendia reafirmar as bases religiosas hindus e buscar o *suddhi*, ou seja, a conversão "de uma pessoa que volta a descobrir a sua própria identidade hindu que, entretanto, se tinha perdido ou enfraquecido devido ao advento da sociedade moderna".[9] A eliminação violenta de um dos líderes pacifistas mais significativos do século XX deveu-se ao fato de, embora tenha alcançado, por uma militância pacifista destacada, a independência face à Inglaterra, não conseguiu solucionar divergências históricas entre hindus e muçulmanos. Seu objetivo era o de unir, no mesmo país independente, os

---

[8] Para uma análise mais pormenorizada das distinções entre o sunismo e o xiismo, bem como das implicações delas no campo sociopolítico, pode-se ler PACE, Enzo. *Sociologia do islã*; fenômenos religiosos e lógicas sociais. Petrópolis, Vozes, 2004. pp. 70-115.

[9] PACE, Enzo; STEFANI, Piero. *O fundamentalismo religioso*; respectivamente, pp. 112 e 111.

adeptos das duas religiões. No entanto, por ter sido convencido de que os líderes dos dois lados pleiteavam a criação de duas nações, uma para hindus e outra para os muçulmanos, e temeroso de que o conflito, já marcado por atentados de ambos os lados, degenerasse em guerra civil, acabou por concordar, a contragosto, com essa divisão. Essa divisão e a aceitação que Gandhi expressou em relação a ela valeram-lhe o ódio definitivo dos grupos fundamentalistas e nacionalistas hindus, que já não o toleravam por suas atitudes anteriores que buscavam aproximar os dois grupos religiosos em conflito. Nem depois da divisão Gandhi renunciou a seu esforço em alcançar a paz entre eles, dispondo-se a visitar o muçulmano Paquistão (o "país dos puros"). O que não chegou a fazer, assassinado que foi cinco meses após a independência da Índia ter sido alcançada e antes de mais esse intento pacificador.

Palestinos e "sionismo cristão"

Em geral, os fundamentalismos protestantes estadunidenses dão uma importância toda particular à volta de Israel à terra que, segundo a Bíblia, lhes foi prometida. É o chamado "sionismo cristão", que apregoa, entre outras coisas, a reconstrução do Templo de Deus no lugar onde existira o templo dos tempos bíblicos e onde hoje se encontram duas mesquitas muçulmanas. Mas e os palestinos? O que será deles? Não é possível encontrar, no seguinte comentário a uma passagem bíblica, uma apologia não só a violências do passado mas também à do presente? Mais uma vez é Pat Robertson que tem a palavra:

As guerras de extermínio [descritas no livro bíblico de Josué, de Israel contra os povos que habitavam a terra de Canaã] perturbaram muitas pessoas porque elas não sabiam o que estava ocorrendo. Os povos da terra de Palestina eram muito malvados. Haviam-se abandonado à idolatria; sacrificavam seus filhos; tinham todo tipo de práticas sexuais abomináveis; ao que parece estavam tendo relações com animais; homens faziam sexo com homens e mulheres com mulheres; estavam cometendo adultério, fornicação; adoravam ídolos, dando-lhes seus filhos como oferenda; e estavam abandonando a Deus. Deus disse aos israelitas que os matassem todos — homens, mulheres e crianças, para destruí-los. E isso parece algo terrível. Será mesmo, ou não? Bem, assumamos que houvesse dois mil deles, ou dez mil, vivendo nessa terra, ou qualquer outra quantidade. Não tenho o número exato. Tomemos um número qualquer. Deus disse: "Matem-nos todos". Bem, isso pareceria duro, certo? Seriam dez mil pessoas que provavelmente iriam para o inferno. No entanto, se elas ficassem ali e se reproduzissem, em trinta ou quarenta ou cinqüenta ou sessenta ou cem anos a mais, poderiam eventualmente ser [...] dez mil que iriam a cem mil [...], cem mil a um milhão. E logo haveria um milhão de pessoas que teriam que passar a eternidade no inferno! É muito mais misericordioso eliminar uns poucos que, no futuro, cem anos mais tarde, ter de dizer: "Bem, tenho que apagar um milhão de pessoas que estariam separadas de Deus para sempre", porque a abominação estava ali como uma enfermidade contagiosa. Deus viu que não havia cura para ela. Não ia mudar; seus corações não iam mudar; e a única coisa que fariam seria causar problemas para os israelitas, e afastar os israelitas de Deus, e evitar que a verdade de Deus alcançasse a Terra. Assim Deus, em seu amor, eliminou um pequeno número, para não ter que eliminar um grande número.[10]

Terá sido mero e ingênuo anacronismo histórico a nomeação, como Palestina, da terra que a Bíblia denomina Canaã, cruelmente conquistada por Israel, a se julgar pelos relatos do livro de Josué? Robertson pensaria na atual guerra que setores de Israel e o chamado "sionismo cristão" julgam indispensável travar para que as fronteiras do império de Davi e Salomão sejam restabelecidas e o terceiro templo reconstruído? É dele também a seguinte declaração: "Senti uma alegria imensa no dia 5 de junho de 1967, quando ouvi que havia começado a guerra com a finalidade de recuperar Jerusalém para Israel. Era a profecia de Jesus Cristo tornada realidade".[11]

Posturas como essas são defendidas pelos que se denominam sionistas cristãos, e se entendem como pessoas

> que crêem no Senhor Jesus Cristo. Que têm raízes espirituais inseparavelmente ligadas com o povo de Israel, que promovem e incentivam a volta do povo judeu a Sião com todos os meios disponíveis (oração, recursos, diálogo). Que amam e visitam Jerusalém e a terra de Israel (Sião), para aprofundarem sua fé e sua relação com Israel. Que se empenham pelo direito à existência do povo e da terra de Israel entre o Mediterrâneo e o Jordão e que demonstram amor e solidariedade

---

[10] Pat Robertson, em seu programa de televisão "Club 700", em 6/05/1985 (http://www.angelfire.com/ego/pdf/sp/lp/citas25.html [2/04/04]).

[11] Citado em: BARKER, Mary. El fundamentalismo cristiano y su influencia en la política de Estados Unidos en Oriente Próximo. In: http://www.rebelion.org/imperio/031031barker.htm (16/04/08).

para com pessoas judias (cf. Is 62,1ss). Que usam a estrela de Davi como sinal de reconhecimento e solidariedade para com Israel.[12]

Não se faz a pergunta pela gente não israelense que habitava e habita a região. Concretamente, não se coloca o problema dos palestinos, nem dos milhões que tiveram de refugiar-se em nações vizinhas. Enquanto se incentiva "a volta do povo judeu a Sião" (mais de um milhão nos últimos vinte anos), o eventual retorno dos refugiados palestinos, algo como cinco milhões, "equivaleria ao suicídio de Israel".[13] Assim como não se coloca o caso do Estado palestino; quando o problema eventualmente aparece, logo o projeto é rechaçado, seja por alegações pragmáticas (seria um Estado governado por terroristas), seja por razões "bíblicas" (a Terra Santa, e Jerusalém em particular, são indivisíveis).

Ataques de 11/09/2001

Três dias após os atentados contra as torres do World Trade Center, em Nova York, e o Pentágono, em Washington, George W. Bush convocou o "Dia nacional de oração e memória". Na reflexão que pronunciou nesta oportunidade, um dos mais importantes televangelistas dos Estados Unidos, Billy Graham, não

---

[12] In: http://www.chamada.com.br/mensagens/print.php?docname=sionismo (20/04/08).

[13] Declaração de Randalll Price, Ph.D. em Estudos do Oriente Médio pela Universidade do Texas, arqueólogo, cientista político e teólogo, e ainda presidente do World of the Bible Ministries (In: http://www.beth-shalom.com.br/artigos/price.html [20/04/08]).

deixou de aludir à retaliação militar que haveria de vir, contra o Afeganistão e depois o Iraque:

> Algum dia os responsáveis serão enfrentados com a justiça, como o estabeleceram tão firmemente o Presidente Bush e nosso Congresso [...]. Sabemos que Deus dará sabedoria, coragem e fortaleza ao presidente e aos que o rodeiam. E este será o dia que nós recordaremos como um dia de vitória. Que Deus os abençoe.

Mas, junto a essa referência indispensável, Graham focou sua reflexão na necessidade de um retorno às raízes religiosas da nação:

> Creio que o cenário está preparado para um novo espírito em nossa nação. Uma das coisas de que mais desesperadamente necessitamos é uma renovação espiritual neste país. Necessitamos de um avivamento espiritual na América. E Deus nos disse em sua Palavra, uma e outra vez, que devemos arrepender-nos de nossos pecados e voltar-nos a ele, e ele nos abençoará de uma maneira nova.

De alguma forma são associadas uma causa e outra:

> Essas majestosas torres [do World Trade Center], edificadas em fundamentos sólidos, são exemplo da prosperidade e da criatividade da América. Quando danificados, estes edifícios implodiram sobre si mesmos. Apesar disto, debaixo dos escombros, há um fundamento que não foi destruído [...]. Sim, nossa nação foi atacada, os edifícios destruídos e as vidas perdidas. Mas agora temos que escolher entre duas opções: ter uma implosão e desintegrar-nos emocional e espiritualmente como pessoas e como nação, ou escolher ser mais fortes através desta prova, para reedificar num fundamento sólido.

E eu creio que estamos no processo de começar a reedificar sobre aquele fundamento.[14]

A brutal, desumana e, no fim, desastrada intervenção militar estadunidense no Afeganistão e no Iraque, com seu terrível saldo de destruição e mortes, tem evidenciado que aquilo que na letra do texto de Billy Graham ficara apenas indicado tomou a dianteira. E o combate ao inimigo externo, o terrorismo de matriz islâmica, acabou por redesenhar o cenário e o jogo internacional de forças, e principalmente produzir um número incontável de vítimas inocentes, como podemos tristemente constatar, na leitura dos jornais e na audição dos noticiários televisivos. É o horror disseminado e sem controle, com poderosos artefatos de guerra jamais imaginados.

---

[14] A mensagem de Graham pode ser lida, em inglês, em http://www.nobell.org/~gjm/911/BillyGraham.html (20/04/08); em espanhol em http://sigueme.net/sermones/contenidos/contenido.php?s=34 (20/04/08).

BIBLIOGRAFIA

AÇÃO DOS CRISTÃOS PELA ABOLIÇÃO DA TORTURA. *Fundamentalismos, integrismos*; uma ameaça aos direitos humanos. São Paulo, Paulinas, 2001.

ALI, Tariq. *Confronto de fundamentalismos*; cruzadas, jihads e Modernidade. Rio de Janeiro, Record, 2002.

ANTES, Peter. *O islã e a política*. São Paulo, Paulinas, 2003.

APPLE, Michael W. *Educando à direita*; mercados, padrões, Deus e desigualdade. São Paulo, Cortez/Instituto Paulo Freire, 2003.

ARMSTRONG, Karen. *Em nome de Deus*; o fundamentalismo no judaísmo, no cristianismo e no islamismo. São Paulo, Companhia das Letras, 2001.

____. *Jerusalém*; uma cidade, três religiões. São Paulo, Companhia das Letras, 2000.

____. *A grande transformação*; o mundo na época de Buda, Confúcio e Jeremias. São Paulo, Companhia das Letras, 2008.

BARKER, Mary. El fundamentalismo cristiano y su influencia en la política de Estados Unidos en Oriente Próximo. In: http://www.rebelion.org/imperio/031031barker.htm (16/04/08).

CARRANZA, Brenda. O Brasil, fundamentalista? *Vida pastoral*, São Paulo, 2008, n. 258, pp. 11-21.

DELUMEAU, Jean (org.). *As grandes religiões do mundo*. 3. ed. Lisboa, Presença, 2002.

DEMANT, Peter. *O mundo muçulmano*. São Paulo, Contexto, 2004.

DÍEZ DE VELASCO, Francisco. *Hombres, ritos, dioses*; introducción a la historia de las religiones. Madrid, Trotta, 1995.

DREHER, Martin. *Para entender o fundamentalismo*. São Leopoldo, Unisinos, 2002.

FERREIRA, Oliveiros S. Ação política, ideologia e religião. In: DUPAS, Gilberto; VIGERANI, Tullo (orgs.). *Israel-Palestina; a construção da paz vista de uma perspectiva global*. São Paulo, Unesp, 2002. pp. 313-322.

KEPEL, Gilles. *A revanche de Deus*. São Paulo, Siciliano, 1991.

KIENZLER, Klaus. *El fundamentalismo religioso; cristianismo, judaísmo, islamismo*. Madrid, Alianza, 2005.

KÜNG, Hans; MOLTMANN, Jürgen (orgs.). *Concilium*, Petrópolis, 1992, n. 241 (Fundamentalismo: um desafio ecumênico).

MARTELLI, Stefano. *A religião na sociedade pós-moderna*. São Paulo, Paulinas, 1995.

ORO, Ivo Pedro. *O outro é o demônio; uma análise sociológica do fundamentalismo*. São Paulo, Paulus, 1996.

PACE, Enzo; STEFANI, Piero. *O fundamentalismo religioso contemporâneo*. Apelação, Paulus, 2002.

PIXLEY, Jorge. Que es el Fundamentalismo? *Revista Pasos*, Segunda Época, 2002, n. 103 (acessado através de http://www.dei-cr.org/pasos.php?pasos_actual=103 [16/05/06]).

SANCHEZ, Wagner Lopes. *Pluralismo religioso; as religiões no mundo atual*. São Paulo, Paulinas, 2005.

STAM, Juan. El lenguaje religioso de George W. Bush: análisis semántico y teológico. In: http://www.puertachile.cl/frames.htm?http://www.puertachile.cl/sociedad/2004_confesion_bush.htm (20/04/08).

TESSORE, Dag. *A mística da guerra; espiritualidade das armas no cristianismo e no islã*. São Paulo, Nova Alexandria, 2007.

TORREY, Reuben Archer (org.). *Os fundamentos; a famosa coletânea de textos das verdades bíblicas fundamentais*. São Paulo, Hagnos, 2005.

VASCONCELLOS, Pedro Lima; SILVA, Rafael Rodrigues da. A religião no Brasil. In: O'BRIEN, Joanne; PALMER, Martin. *O atlas das religiões*. São Paulo, Publifolha, 2008.

WEBER, Max. *A ética protestante e o "espírito" do capitalismo*. São Paulo, Companhia das Letras, 2004.

YANNARAS, Christos. O desafio do tradicionalismo ortodoxo. *Concilium*, Petrópolis, 1992, n. 250.

Impresso na gráfica da
Pia Sociedade Filhas de São Paulo
Via Raposo Tavares, km 19,145
05577-300 - São Paulo, SP - Brasil - 2008